LES
SÉRAILS
DE PARIS.

ALEXANDRINE GOURDAN
dite la petite C.tesse

LES
SÉRAILS DE PARIS,

OU
VIES ET PORTRAITS

DES DAMES

PARIS, GOURDAN, MONTIGNI,

Et autres appareilleuses :

Ouvrage contenant la description de leurs Sérails, leurs intrigues, et les Aventures des plus fameuses Courtisannes ; le tout entremêlé de réflexions et de conseils pour prémunir la jeunesse et les Etrangers contre les dangers du libertinage.

TOME PREMIER.

———

A PARIS,

Chez HOCQUART, Libraire, rue Saint-André-des-Arcs, n₀. 121.

———

AN X. — 1802.

LES SÉRAILS DE PARIS.

CHAPITRE PREMIER.

Causes de la Prostitution et de la multiplicité des Filles publiques.

L A pudeur, ornement du beau sexe, de la plus belle portion des êtres créés, la suprême volupté de l'amour, qui ressemble à une fleur dont l'éclat se ternit par un souffle, n'est plus connu de la plupart des femmes.

Les mœurs sont tellement corrompues aujourd'hui, que la dépravation, par ses progrès rapides, approche de ce terme qui fait craindre que la société ne soit bientôt plus qu'un composé d'objets détestables, aussi dangereux qne dignes de mépris. Parmi les affections de l'ame, l'amour tient la première place : pur et louable lorsqu'il est conforme aux lois de la nature et aux devoirs sacrés de la société , il devient un crime s'il fait franchir les limites qu'opposent la décence et la pudeur. Il y a des hommes assez injustes pour penser et dire que les femmes sont seules coupables de cette dissolution scandaleuse qui infecte Paris et les grandes villes. Si ces mêmes hommes vouloient écouter les remords de leur conscience , ils seroient plus vrais, et ne seroient pas assez inconséquens pour déchirer honteusement un sexe doux, affable , et plus foible que vicieux. Apprenons à respecter cette portion chérie de nous-mêmes, qui n'est que trop susceptible de toutes les impressions qu'on veut lui faire prendre. C'est toujours nous qui, nous couvrant du manteau de la décence et de l'honnêteté , les déterminons , et les engageons à faire les plus grands sacrifices. Sans cesse aux aguets de ces pauvres innocentes que nous voulons rendre victimes de nos passions impures, nous ne mettons aucun frein à nos déréglémens. Rien ne nous coûte pour en venir à notre but, d'autant plus criminel que nous abusons de leur bonne foi, de leur confiance et de leur estime, avec les dehors imposans de la candeur, et le masque de toutes les vertus.

Sans nos séductions, elles seroient sages, et ne se souilleroient pas. Les tendres déclarations, les protestations affectueuses, la volupté peinte avec les couleurs les plus attrayantes, les plus flatteuses louanges de notre part, voilà ce qui amollit leur cœur. Enclines à l'amour-propre, elles nous écoutent volontiers, et laissent développer en elles ce germe des passions qui, par la suite, les entraînent au crime, dont nous avons su embellir la difformité. Une fois les lois de la pudeur violées, elles s'abandonnent sans aucune mesure aux plus honteux travers. Réjettées de tout le monde, de nous les premiers, qui les avons corrompues, armées d'un front qui ne rougit plus, elles obéissent à la voix impérieuse des besoins ; elles se prostituent au premier venu, et avec une hardiesse insolente, elles cherchent des chalands qu'elles rendent complices de leurs déréglemens. Il est horrible et contraire aux lois de l'honneur et de la probité de chercher à profiter de la crédulité, et de la foiblesse des femmes, pour corrompre leur innocence. En effet, pourquoi employer cette éloquence insidieuse, mensongère, pour les tromper, et détruire en elles tous les principes de vertu ? Pourquoi chercher à faire notre victime celle dont nous devrions protéger et conserver l'honneur ? pourquoi, par nos confidences indiscrettes, nos propos galans et séducteurs, cherchons-nous à nous insinuer dans leur cœur ? Pourquoi, en ayant l'air de travailler à leur félicité, les plongeons-nous dans un abîme de malheurs ? Quel est notre but, quand, en vrais tartuffes, nous nous introduisons auprès d'elles avec de coupables projets? Quel mal nous ont fait ces bons paysans, ces honnêtes vignerons, ces respectables laboureurs , pour , de sang froid, porter la désolation dans leurs chaumières ? Que nous sommes criminels d'abuser ainsi de la confiance et de l'amitié que nous leur avons inspirées ! Pour séduire leurs filles, nous avons fait entendre la voix de la nature à ces êtres foibles qui, trop facilement, se livrent aux impressions d'une sensibilité qui les égare, et les conduit, par un chemin semé de fleurs, dans un labyrinthe d'infortunes, de honte et de malheurs. La faute en est à nous. Réparons nos torts , et dorénavant soyons les zélés défenseurs de la vertu d'un sexe adorable, au lieu d'en être les lâches et vils suborneurs.

Et vous, parens et tuteurs, si votre

fille, si votre pupille a fait une faute, souvenez-vous que l'amour n'est pas un crime, et qu'elle est née pour aimer. Accusez son séducteur, que souvent vous avez introduit vous-mêmes auprès d'elle, et reprochez-vous également vos prédilections et votre dureté. Si vous eussiez surveillé sa jeunesse, soigné davantage son éducation, elle n'eût certainement jamais erré. Vous êtes les premiers coupables, et désormais n'employez que la voix de la douceur. Cette voix consolante ranimera son courage, elle sentira que le repentir peut la ramener à la vertu. Bannissez l'aigreur de vos plaintes et de vos représentations, vous la toucherez, elle vous sera rendue toute entière. Les reproches et les mauvais traitemens, l'éloigneront d'avantage, et elle sera perdue. Qu'elle vous aime, qu'elle vous respecte sans vous craindre, elle sera toujours vertueuse; si au contraire, vous l'avilissez à ses propres yeux, si vous lui présentez sans cesse le tableau affligeant du déshonneur, et d'un mépris éternel, alors, de votre aveu, se croyant sans ressources, elle rompra tous les liens qui pouvoient la contenir; le découragement la livrera toute entière à la merci des passions.

Combien aussi voyons-nous de filles qui n'ont succombé que par les effets du malheur. Sans parents, sans fortune, sans état, ne trouvant dans leur industrie que des moyens insuffisans pour leur subsistance, elles cèdent à la voix impérieuse du besoin, et elles acceptent des secours, en souscrivant aux conditions qui leur sont imposées. Elles sont plus à plaindre qu'à blâmer. Leur sort est bien malheureux. Les lois, les préjugés leur sont si contraires, que, dans les cas urgens, toutes ressources leur sont interdites; elles se voient contraintes de choisir entre la misère et le déshonneur.

D'ailleurs, la fougue des passions subjugue ou maîtrise nécessairement la jeunesse, ce qui devroit être une raison pour user d'indulgence ; mais malheureusement on impute aux vices du cœur ce qui n'est que l'effet de l'effervescence du sang.

Et vous, père avide, insensé et barbare, ne soyez donc plus le bourreau de votre fille ; ne la conduisez pas vous-même daus le précipice du désordre, en lui refusant l'époux que son cœur a choisi. Si, sans écouter son inclination, presque toujours vertueuse, vous lui faites contracter des liens qu'elle déteste, elle obéira ; mais bientôt, voulant secouer un joug insupportable, briser des chaînes qu'elle abhorre, elle se livrera aveuglément aux passions les plus contraires au maintien de la paix et de la tranquillité : vous n'aurez formé qu'un assemblage malheureux de contrainte, de dégoût et de haine, auxquels succéderont bientôt l'infidélité, le desespoir et la fureur.

Les nœuds de l'hyménée, qui sont sacrés, deviennent une source de calamités, quand l'amour ne les a pas lui-même serrés. Combien de malheureuses victimes qui sont nées d'un concubinage honteux et d'un commerce illégitime ! En suçant le lait nourricier, elles s'identifient le caractère, le tempérament, les habitudes de leur mère ; aussi voyons-nous, chaque année, un certain nombre de filles ou de femmes, que nous avons connues honnêtes, tomber dans un état de libertinage dégoûtant. L'incontinence devient bientôt leur moindre crime ; elles commettent toutes sortes d'excès, et rien ne leur cause plus ni honte, ni horreur. Abandonnées de leurs parens ou victimes de leur avarice, réduites à la plus affreuse misère, si leur impudicité ne fournit pas suffisamment à leurs besoins, elles recourent à d'autres moyens, aux mensonges, aux fourberies, au vol, et disons même à l'assassinat. Ces crimes ne sont pas toujours l'effet nécessaire de la débauche, quelquefois ils n'ont même aucune connexion avec elle, car il y a une infinité d'*honnêtes débauchées* ; mais c'est la manière dont ces malheureuses sont traitées dans le monde, qui est la cause de leurs autres désordres ; car les femmes qui, au milieu de leurs débauches, ont conservé leur probité, soit par l'effet d'un désintéressement habituel, soit par principes, soit enfin par le défaut heureux de tentations ou d'occasions, eh bien ! les hommes d'une conduite réglée, les *débauchés* même, tous insultent à ces infortunées créatures, sans distinction. La même marque d'opprobre est imprimée sur le front de toutes ; on leur témoigne le même mépris : de sorte que, commettroient-elles ensuite des crimes horribles, on ne pourroit rien ajouter aux affronts qu'elles ont déjà essuyés. Affranchies ainsi de la honte, du deshonneur et de la crainte, qui sont les meilleurs remparts de la vertu, il n'est pas surprenant que, sollicitées par l'indigence ou

séduites par l'exemple et les occasions, elles se portent souvent à des
actions criminelles, parce qu'elles ne
redoutent point la sévérité de l'opinion publique.

CHAPITRE II.

Tempérament et passions des Femmes, en général. Ruses qu'elles emploient pour masquer leurs desirs.

POUR nous convaincre de la violence des passions des femmes, lorsqu'elles s'y sont livrées à un certain point, il ne faut que considérer à combien de risques elles s'exposent pour les satisfaire. La honte et la pauvreté ne paroissent que des bagatelles, quand cette passion l'emporte une fois. Cependant, quoique la plupart des femmes soient sujettes à ces sortes de desirs, la variété des tempéramens et d'éducations met une différence considérable entr'elles. Certaines femmes ont les nerfs d'une sensibilité particulière. D'autres ont dans le sang plus ou moins de chaleur

leur ou d'acrimonie, ce qui leur donne plus ou moins de chasteté naturelle.

Pour balancer l'impétuosité de ces desirs dangereux, on inculque avec soin aux jeunes filles, dès leur enfance, des notions fortes de l'honneur. On leur apprend à mépriser, à haïr les filles publiques, avant même qu'elles puissent concevoir ce que font ces malheureuses.

Quand elles sont parvenues en âge, elles trouvent que leur intérêt est absolument de passer pour chastes. Ces idées de l'honneur réunies à l'intérêt, sont entre nous, ce qu'on peut appeller une chasteté artificielle; chasteté qui avec celle que la nature donne, compose la chasteté réelle de chaque femme.

Par exemple, il y a des femmes qui ont plus de chasteté naturelle, ou moins d'inclinations lascives que d'autres, et qui même sont très-rigoristes sur le point d'honneur. De telles femmes sont presque imprenables. On peut les comparer à

des villes que la nature et l'art ont
fortifiées également, de sorte qu'elles ne sauroient être prises d'assaut,
et qu'à moins d'une trahison, il faut
les réduire par un siége long et ré-
gulier pour lequel il y a peu d'hommes qui ayent assez de patience et
de résolution.

D'autres femmes font le même
cas de leur réputation, ont la même
sensibilité, pour ce qui s'appelle
honneur, mais la nature les a faites
d'un tempérament sanguin et amoureux. Une femme de cette espèce
ressemble à une ville qui a une
bonne garnison, mais dont les
habitans, mutins et séditieux, ont un
fort penchant à la révolte, et à
introduire l'ennemi dans la place.
Il est vrai qu'avec beaucoup de soin
et de vigilance ces femmes peuvent
appaiser des mutineries pareilles,
et que l'honneur tiendra long-tems
les passions en bride. Néanmoins il
n'y a pas sûreté parfaite. Il est certains tems fâcheux, certaines saisons

critiques, certaines heures, où l'on ne se tient pas sur ses gardes ; l'on endort peu-a-peu l'honneur et l'inté-rêt, de sorte que l'amour gagne le dessus. Or, c'en est fait dès ce mo-ment.

Il est vrai que si la perte de l'honneur devoit suivre sur le champ la perte de la chasteté, la vertu de ces femmes résisteroit mieux ; mais elles se flattent de l'espérance du secret, et elles s'imaginent de bonne foi que la discrétion et le mystère sont les moyens de goûter des plaisirs qui ne coûtent rien à leur réputation : c'est ainsi qu'elles concilient l'honneur avec leur inclination. En un mot, une femme amoureuse et sensible à l'honneur, peut souffrir beaucoup d'attaques, et défendre peut-être sa chasteté jusqu'au dernier moment, mais elle est tous les jours en danger d'être surprise, et de se voir réduite à ne se défendre plus que pour la forme.

Il est une troisième sorte de fem-mes qui ne ressemblent en rien aux précédentes, et qui n'ont ni honneur ni penchant à l'amour. Ces sortes de femmes, selon les circonstances, sont au-dessus de l'amour, ou n'y sont pas. Quand leur fortune dépend de leur réputation, comme il arrive à toutes celles d'un rang médiocre, alors elles sont femmes d'honneur. Mais le point d'honneur, sans l'intérêt, n'empêcheroit guères les femmes de s'abandonner à l'amour du plaisir. Aussi voyons - nous que les filles en général se conduisent avec bien plus de circonspection, lorsque leur fortune dépend encore d'un mariage à faire ; les femmes mariées, au contraire, agissent avec bien plus de liberté, parce que, couvertes du manteau de l'hymen, elles sont à l'abri des moindres soupçons ; elles ne craignent point d'être trahies par leur grossesse ; pour les convaincre, il faut être témoin oculaire, et il est très-difficile de les prendre sur le fait.

La quatrième et dernière espèce

de femmes, est celle qui avec peu de principes d'honneur, ont beaucoup de penchant à l'amour. Leur vertu est sans défense ; et, dès qu'un homme leur a fait perdre ces petites craintes qui sont naturelles aux jeunes personnes, il peut hardiment s'avancer, et conclure que la brèche est pratiquable : car, quelle que soit la résistance qu'il rencontre ensuite, elle ne servira qu'à augmenter les plaisirs de son triomphe. La plupart des femmes, il ne faut pas s'y tromper, ont beau être résolues à ne rien refuser, elles feignent cependant de ne vouloir rien accorder, et alors, elles s'arment d'une fausse modestie qu'elles cherchent à faire passer pour véritable, mais dont on ne leur sait aucun gré.

Dès que les femmes ont pris un peu d'amour, elles s'appliquent uniquement à en donner autant aux hommes ; et elles sentent que la seule apparence de retenue, leur donne de nouveaux charmes. Ce qui leur en coûte pour étouffer leurs desirs, est récompensé pleinement par le plaisir que leur causent les mauvais traitemens de leurs amans ; elles les regardent comme une preuve de la sincérité et de la force de leur passion. Une femme cependant a raison de craindre que la jouissance ne réfroidisse son amant, aussi est-ce la raison pourquoi elle cherche à s'assurer de sa constance, en mettant le plus grand prix, avant que de lui accorder ses faveurs.

D'un autre côté, sans parler du plaisir réel qu'une femme ressent en se défendant contre son amant, par sa résistance, elle cherche à se justifier aux yeux de cet homme. C'est un voile dont elle couvre son honneur et sa conscience ; et, par ce moyen, elle se persuade à elle-même, qu'elle n'a succombée qu'à la force. Aussi presque toutes les femmes refusent-elles de se rendre par capitulation, et veulent-elles être emportées d'assaut.

D'après ces diverses peintures, on

concluera que la majeure partie des femmes, ne conserve leur chasteté, leur innocence, que précairement, et que les vertus féminines reposent sur un fondement bien chancelant.

CHAPITRE III.

Description détaillée de l'intérieur des Sérails, ou Couvens de Filles d'Amour. — Ajustemens, Parures et Occupations des Demoiselles. — Introduction des Amateurs.

CES maisons étoient comme des entrepôts de filles que des *matrones* achetoient à bon marché, pour revendre ou louer fort cher, ou à leurs semblables, ou à des sots qui, prenant goût pour certaines, payoient leurs faveurs au poids de l'or. Malheureuses créatures, condamnées à donner du plaisir sans en prendre, elles étoient les esclaves de ces *meres-abbesses*, elles obéissoient à leurs moindres volontés, et le premier venu pour son argent achetoit le droit de les commander.

Ces maisons, pour la plupart, étoient très-bien montées en filles d'amour, presque toutes, très-jolies, mais extrêmement libertines; car ayant l'une et l'autre perdu toute pudeur, chacune d'elles, dans le particulier, tâchoit de renchérir sur sa compagne, et de s'acquérir le titre de fameuse dans l'art profond de varier les plaisirs, et dans la pratique de toutes les possibilités physiques en matière de débauche. Cependant, entièrement soumises aux *matrones*, qui savoient se faire craindre, l'ordre, l'honnêteté, la décence, et la tranquilité régnoient dans ces lieux de prostitution. Elles se levoient à huit heures, prenoient les bains exigés par la propreté. A neuf heures, elles déjeûnoient toutes ensemble. A dix heures les coiffeurs arrivoient. A onze heures la toilette étoit terminée. Leur parure, quoique simple, avoit de l'élégance. Elles portoient des vêtemens legers, transparens. Les extrémités, les bras, les épaules, la gorge, les jambes, les pieds, paroissoient nu. Un corset de soie, un tricot leger, souple, adhérent, couleur de chair, caressoit, mouloit et dessinoit leur corps. Une gaze cristalline les enveloppoit, et se balançoit avec amour et mollesse, sur des contonrs qu'elle sembloit baiser. Tout-à-coup, repoussée par leur fermeté et leur élasticité, elle s'écartoit au gré de la coquetterie, voltigeoit, s'arrondissoit, et ne laissoit appercevoir que ce qu'il falloit pour exciter les desirs. Enfin, le goût et les graces sembloient avoir pris soin de les embellir.

Elles se rendoient toutes dans un superbe salon, s'occupoient, les unes à différens travaux de femmes, comme broderies, dentelles, et les autres pinçoient de la guitare ou de la harpe, et s'accompagnoient de leurs voix. C'étoient-là leurs occupations, avant et après le dîner. Le matin, les assidus de la maison, amans particuliers de chaque demoiselle, étoient admis, sous la réserve expresse de n'être point jaloux, et de se retirer au moindre signal.

Après dîner, les jeunes gens, les amateurs, se rendoient à l'heure du café, ou le soir, au moment qu'on servoit les glaces, les rafraîchissemens, ou le thé. Là, librement on choisissoit sa sultane ; et, dès l'instant qu'on avoit compté à la mère-abbesse trois louis pour le souper et le coucher, la jeune victime ne voyoit et ne recevoit personne jusqu'au lendemain. D'après les réglemens et les statuts de la maison, dès ce moment, elle devoit le satisfaire dans ses fantaisies, dans ses caprices et ses extravagances ; elle étoit à lui, c'étoit son bien, il pouvoit alors en disposer à sa volonté.

Ordinairement tous les soirs, un certain nombre de ces demoiselles, chacune à leur tour, alloient aux différens spectacles, alors elles ne paroissoient pas dans le salon après dîner.

Lorsque quelqu'un avoit des raisons pour garder l'incognito, il entroit sans être vu, par un escalier dérobé. La mère-abbesse alloit au-devant de lui, et le recevoit dans une espèce de parloir separé, dont les murs étoient garnis de cordons de sonnettes (chaque demoiselle avoit la sienne). Après les complimens d'usage, elle lui remettoit un gros in-folio, relié en maroquin, et doré sur tranche, ayant pour titre, *Livre des beautés*. Ce livre contenoit le portrait moral, et physique de chaque courtisanne. Il en prenoit lecture et désignoit celle qui lui agréoit le plus.

La matrone recevoit alors d'avance le cadeau de monsieur, qui étoit ordinairement un louis pour une passe, y compris le bouillon restaurant, ou des raffraîchissemens. Si le monsieur étoit généreux et donnoit par exemple deux louis, alors la mère-abbesse lui apportoit le *registre des passions*, qui contenoit le détail des différentes jouissances connues et usitées dans ces lieux ; et comme

chacun

chacun comportoit avec elles certains ustenciles de détail, et nécessaires, tous les boudoirs étoient arrangés en conséquence. Une fois que la mère-abbesse connoissoit le goût et la passion du traitant, elle tiroit la sonnette de la demoiselle desirée et celle qui indiquoit la *passion*. A ce signal, de convention, la demoiselle se rendoit sur-le-champ par un couloir secret, dans le *boudoir désigné*, et couchée négligemment sur un sopha, elle attendoit l'amateur qui ne tardoit pas à entrer.

En terminant cet article, je ne puis me refuser de transcrire le tableau que fait de ces lieux un homme connu, zèlé partisan des plaisirs qu'on y goûte, le lecteur ne pourra que m'en savoir gré.... Voici en quels termes il s'exprime :

« Là, l'homme le plus indécis ou le plus volage, peut donner carrière à son inconstance ; tous ses goûts sont satisfaits successivement. Attraits précoces, beautés mûries par

l'expérience, blondes attendrissan-
tes, amusantes brunes, les objets
passagers de l'amour vénal, dans
ces atteliers de Vénus, sont aussi
variés que les caprices humains. Les
voulez-vous parées comme Junon,
ou dans le déshabillé des graces? On
prend à votre gré ces différentes
formes. Il ne faut ni stratagême,
ni violence, pour s'introduire chez
ces belles. Leur maison, ennemie
de la solitude, n'est fermée qu'à
l'indigence ou à l'avarice. Vous êtes
sûrs en tous temps d'être bien reçus;
on vous prévient même, on fait les
avances, et on vous rend avec pro-
fusion les soins et les agaceries que
vous perdez si souvent ailleurs. Point
d'époux, de mères ou de surveillans
qui vous obsèdent, qui vous gènent.
Tout vous rit, tout vous tend les
bras. Votre maîtresse vous attend,
pour se donner à vous sans réserve,
et tous vos momens sont les siens .»

« Vous n'avez pas à ménager ces
bizarres accès de foiblesse, ces pré-

cieux retours de fragilité, qu'on vous met souvent à un si haut prix ; toute heure est celle du berger. Il n'est point question d'éviter ces délicats momens de surprise, qui sont punis par certaines femmes, aussi sévèrement que l'indiscrétion. Ici, vous n'avez jamais mal pris votre temps ; on ne vous fait point essuyer, ni ces politiques longueurs qui, dans une affaire réglée, prennent le nom d'épreuves, ni ces incommodes préliminaires, qu'une femme d'un ordre un peu différent, veut toujours donner à la dignité du sacrifice qu'elle vous aura fait, ou à l'intérêt de ses charmes, dont il faut s'assurer la possession. Tout est taxé ; on n'avance pas pour reculer, on ne fuit point pour vous donner la peine de courir, pour vous faire arracher des faveurs qu'on brûle de vous accorder. L'artifice des sentimens, et le mystère, sont inconnus. On peut vous farder le visage, mais vous n'êtes jamais la

dupe du cœur. Petits soins, assi-
duités, fadeurs, mélanges ennuyeux,
qui filez les jours des frivoles amans,
vous n'êtes d'aucun usage dans ces
lieux enchantés. Refroidissemens,
dépit, procédés, ruptures, explications, raccommodemens, vous con-
sumez les jours de l'oisive et folle
jeunesse ; mais vous n'occupez jamais des hommes pressés de vivre.
De si courts plaisirs, achetés au prix
d'un temps qui fuit sans retour, coûtent toujours trop. Ici vous paroissez,
vous choisissez, votre conquête est
faite, la victime est prête ; et le
plus léger désir est à peine l'inter-
valle de votre jouissance'».

D'après un tableau aussi brillant,
on croira peut-être que l'état de ces
filles a quelque chose d'agréable et
d'attrayant ; mais on se tromperoit :
il n'en est ni de plus humiliant, ni
de plus cruel. Que l'on réfléchisse
aux épreuves bizarres où se trouve
réduite une fille du monde, dès-lors
on verra qu'il n'y a pas de condi-

tion plus rebutante et plus méprisable. Je n'en excepte point celle de forçat.... Et en effet, qu'y a-t-il deplus insupportable que d'être obligée d'essuyer les caprices du premier venu ; que de sourire à un faquin qu'on méprise dans l'ame, et de caresser souvent l'objet de l'aversion universelle ; de se prêter continuellement à des goûts aussi singuliers que monstrueux ; en un mot, d'être éternellement couverte du masque de l'artifice et de la dissimulation ; de rire, de chanter, de boire et de se livrer à toutes sortes d'excès et de débauches, le plus souvent à contre-cœur, et avec une répugnance extrême ? Que ceux qui se figurent cette vie un tissu de plaisirs et d'agrémens s'y connoissent mal ! Comme un vil intérêt est le mobile de la fin de ces malheureuses prostituées ; aussi, les mépris les plus accablans, les avanies, les outrages, en sont presque toujours le juste salaire. —— On ne sauroit, sans frémir, penser à la dureté de leur noviciat ; et telle que l'on voit aujourd'hui triomphante dans un riche équipage, traînant partout avec elle un luxe révoltant, affichant insolemment le goût pervers et crapuleux de son bienfaiteur, a été le rebus des laquais, et le triste objet de la brutalité de la plus vile canaille. Souvent même elle porte encore les marques des avanies qu'elle a supportées.

Combien d'entr'elles sont exposées aux excès de ces hommes débauchés qui se portent aux plus grandes violences dans le délire de leurs passions. Il y a de ces brutaux qui mettent toute leur volupté à battre, ou à être battus ; de façon qu'après avoir été rossés, étrillés, ils obligent souvent leurs victimes à subir la même peine à leur tour. Il doit paroître sans doute bien étonnant qu'il se trouve des filles assez patientes pour soutenir un pareil genre de vie ; mais, que ne font point faire le goût du libertinage, l'avarice, la misère, la paresse, l'espoir d'un avenir heureux ?

CHAPITRE IV.

Description particulière de la Maison de Madame Gourdan, et des diverses Curiosités qui s'y trouvent.

LE décret de prise-de-corps, lancé par le bailliage, contre la Gourdan, avoit obligé cette mère - abbesse de prendre la fuite et de se cacher. Ses ouailles s'étoient dispersées, et sa maison étoit sous la sauve-garde de la justice. Le gardien qui y étoit, la montroit cependant à ceux qui se présentoient munis d'un billet du président de Tournelle ; je m'en étois procuré un, et, m'étant transporté avec quelques amis, dans cet hôtel si renommé, voici ce que nous y remarquâmes de plus curieux.

Je ne parle pas du *sérail*. Le mot seul caractérise cette salle d'assem-blée, commune à toutes les maisons de cette espèce. On y trouvoit ce qu'on appelle des *plastrons de corps-de-garde*, c'est-à-dire, une douzaine de filles perdues, gangrenées jusqu'à la moëlle des os , et dont l'esprit, encore plus corrompu, les rendoit propres à cette multitude effrénée de jeunes militaires oisifs, débauchés, sans argent, qui s'établissoient là comme en garnison, et que la police, pour éviter de plus grands désordres , obligeoit les abbesses de recevoir.

On voyoit ensuite la *Piscine*. C'étoit un cabinet de bains, où l'on introduisoit les filles recrutées pour la Gourdan. Avant de produire certains sujets à un amateur , on le décrassoit, on lui adoucissoit la peau , on le parfumoit ; enfin, on y maquignonnoit un cendrillon , comme on prépare un cheval. On nous fit remarquer *l'eau de pucelle* , fameux astringent , pour resserer les beautés délabrées. A côté, étoit *l'essence à l'usage des monstres.* La Gourdan en faisoit quelquefois l'application sur de petites novices, dont elle vouloit hâter la maturité, en faveur des personnages du plus haut rang. On nous montra des flacons du spécifique de *Guibert de Préval* qui est à-la-fois indicatif, curatif, et préservatif du mal vénérien.

Du cabinet des *bains*, nous entrâmes dans le cabinet de *toilette*, où les élèves de ce séminaire de Vénus recevoient leur seconde préparation. Qu'on s'imagine un séjour garni de tout ce qui peut contribuer à rendre une nymphe neuve et séduisante.

La *salle de bal* suivoit ; c'est-là que chacune recevoit son déguisement: la paysanne étoit métamorphosée en bourgeoise, et la femme de qualité en chambrière. On nous ouvrit une armoire au fond de laquelle étoit une porte qui communiquoit à une maison voisine, occupée par un marchand de tableaux, de curiosités, etc., chez lequel on pouvoit entrer sans scandale. La maison avoit son entrée dans une autre rue (celle Saint-

Sauveur), et ne laissoit soupçonner en rien les raisons des personnes qui y entroient. C'est de chez ce marchand que les prélats, les gens à simarre, les dames du haut parage, les prudes de tous les rangs, pénétroient chez la Gourdan, où l'on pouvoit prendre nn costume à son gré, et se livrer impunément aux honteux plaisirs qu'on y venoit chercher.

On nous fit passer de-là dans l'*infirmerie*. Il sembleroit, par ce mot, qu'il y étoit question de maladie, point du tout; il ne s'agissoit que de réveiller, par les ressources de l'art de la luxure, les sens flétris des voluptueux blasés. Ce lieu ne recevoit le jour que d'en haut, les murs étoient couverts de tableaux et d'estampes lubriqnes; les attitudes, les postures les plus lascives, étoient représentées en sculpture. Au fond d'un alcove élégant étoit un lit de repos, de satin noir; le ciel et les côtés étoient en glaces qui représentoient non-seulement les ornemens de ce charmant

boudoir, mais aussi les scènes voluptueuses qui s'y passoient.

*On nous montra, dans une armoi-
re, des petites verges de genêts par-
fumées, et une boîte étiquetée, *pastil-
les à la Richelieu*, ainsi nommées,
parce que ce seigneur en avoit fait un
grand usage, non pour lui, mais
pour se rendre favorable les femmes
qu'il convoitoit et qu'il avoit trou-
vées rebelles. En leur faisant avaler
des bonbons, il les avoit réduites,
car ils ont une telle efficacité qu'ils
excitent le tempérament des plus
vertueuses et les rendent folles d'a-
mour durant quelques heures.

Ah ! combien ce moyen, outre
qu'il est criminel, doit inspirer de
dégoût à un homme délicat ! Il hu-
milie l'amour-propre même du vain-
queur, est pernicieux à la victime,
et peut la faire périr de honte, de
douleur et de rage, revenue à son
sang-froid. Notre guid nous raconta à ce sujet la scélératesse du
C.... de S...., si renommé par ses hor-

reurs contre les femmes, qui étant restées impunies, l'ont encouragé à en commettre d'autres, et même à les réduire en principes et en théorie, dans un livre abominable, où toutes les vertus sont humiliées, dégradées; et les vices, les crimes les plus horribles, embellis et justifiés. Le C.... de S...., nous dit-il, donnoit un bal à Marseille; il avoit ainsi empoisonné tous les bonbons qu'il y distribuoit : et, bientôt toutes les femmes brulées d'une fureur amoureuse, et les hommes, devenus autant de satyres, convertirent cette fête en *lupercales*, et la salle du bal en un lieu de prostitution. Quelques personnes en moururent; plusieurs en furent très-malades. L'auteur de cette scélératesse, ayant joui de la femme qu'il convoitoit, s'enfuit avec elle. Cela donna lieu à une seconde procédure criminelle contre lui, mais elle n'eut pas de suite. Nous aurons l'occasion de parler de son premier crime, dans le chapitre, intitulé *pro-*

menades

menades du *Chevalier de Walbé*, au *Palais royal*.

Revenons à la description de notre sérail. Je ne parlerai pas de quelques compositions et instrumens que l'on nous montra, la pudeur nous le défend ; d'ailleurs , pourquoi rappellerions-nous le souvenir de ces impuretés ? Puisse le silence les ensevelir dans un éternel oubli !

Nous vîmes ensuite la chambre *de Juda*, autrement nommée, *chambre de la question* ; c'étoit un cabinet, où, par des *trompe-valets* artistement disposés , les personnes intéressées voyoient et entendoient tout ce qui s'y faisoit et disoit. On assure que c'est dès cette époque que les *trompe-valets* ont changé de nom et que ces lucarnes s'appellent des *judas*.

Nous terminâmes notre visite par le *salon de Vulcain* : c'étoit-là où, par ruse, ou au besoin, par violence, on introduisoit les beautés trop revêches , les lucrèces intraitables : ce salon étoit peu fréquenté, d'abord,

parce qu'il en coûtoit beaucoup ; ensuite , parce que les occasions d'y
avoir recours étoient rares. Ce lieu
étoit tellement situé et arrangé, que
les plaintes, les cris, les hurlements
même , n'auroient pu se faire entendre du dehors. On y remarquoit un
fauteuil d'une forme singulière :
voyant que je l'examinois, asseyez-
vous dedans , me dit notre guide ;
à peine je m'y fus jeté , que le poids
de mon corps fit jouer une bascule,
le dos se renversa, et moi aussi, je
me trouvai les jambes et les bras
enlacés mollement. « Ma foi, répon-
» dis-je , les filets du Dieu de *Lem-*
» *nos* ne valoient pas mieux. » Il
nous dit que ceux-ci s'appeloient les
filets de F.... ; ils avoient été ima-
ginés par ce seigneur, pour triom-
pher d'une vierge, qui , quoique pauvre, avoit résisté à ses promesses,
à son or et à ses menaces : devenu
furieux d'amour, il se porta à commettre trois crimes à la fois , pour
assouvir sa passion : il se rendit cou-

pable d'incendie, de rapt et de viol. Une nuit, il fait mettre le feu à la maison de cette jeune fille : une femme, profitant du désordre, s'empare de la demoiselle, et sous prétexte de la conduire dans un asyle, la mène chez la Gourdan. F.... la reçoit, la précipite dans ce fauteuil infernal ; et là, sans égard à son effroi, à ses larmes ni à ses cris, il se livre à toutes les infamies que lui inspire sa coupable lubricité. Ce ne fut qu'après plusieurs mois de recherches que la police découvrit cette victime, et la retira de ce lieu infame. Le Roi instruit du fait, exila le coupable ; on commença une information contre lui ; mais sa famille, très en crédit, étouffa cette affaire : lorsque les clameurs publiques furent assoupies, il reparut et continua ses fonctions à la cour.

———

CHAPITRE V.

Portrait physique et moral de la dame Gourdan, dite la Petite Comtesse; son origine, sa vie privée et sa mort.

L'ART de vendre les charmes de ces beautés faciles, qui n'attendent que l'heure d'une douce violence, pour succomber sous le joug de leurs desirs, est un métier qui a eu sa célèbrité dans l'antiquité, comme de nos jours. Les folies des humains furent dans tous les siècles et dans tous les pays, une source abondante de richesses pour les hommes assez adroits et assez hardis pour en profiter.

De nos jours, il n'est personne qui en sût tirer un parti aussi favorable que l'héroïne de ce chapitre,

Alexandrine, *Ernestine*, *Gourdan*, surnommée *la petite comtesse*. Cette femme célèbre naquit à Beziers, et débuta dans cette ville par être marchande de modes. Sa figure, sans être jolie, avoit ce piquant qui usurpe les droits de la beauté. Sa taille étoit svelte, et toute sa personne inspiroit un air de volupté qui appelle et commande le desir. Ses yeux agaçans lançoient des traits, qui rarement manquoient leur but ; et ses manières, ses discours, annonçoient qu'elle figureroit avec avantage sur un théâtre plus digne de ses charmes et de son esprit.

Impatiente de secouer le joug de l'hymen auquel elle s'étoit d'abord assujettie, impatiente sur-tout de voir la capitale, d'y être vue et d'y essayer ses talens, elle préta l'oreille aux propositions d'un jeune officier qui l'enleva et l'amena à Paris. Après un séjour assez court, l'officier fut obligé de rejoindre son corps, et oublïa ses sermens d'amour. Madame Gourdan

sacrifia quelques jours à sa sensibilité ; mais un billet qu'elle reçut du
Comte de * *, officier aux gardes,
acheva ce que le tems et la réflexion
avoient commencé : elle oublia entièrement le fugitif, en acceptant l'offre
que lui faisoit l'auteur du poulet, de
partager avec elle cinquante-mille
livres de rente.

Le début répondit à la déclaration, le comte lui fit d'abord six mille
livres de rente, et lui donna des
diamans pour 40 mille livres. Elle
vécut dix ans avec lui, en eut une
fille qu'elle fit élever avec soin en
province et qu'elle maria à un chevalier de St. Louis. Son amant étant
venu à mourir, la Gourdan chercha
quelque nouvelle conquête ; mais peu
heureuse dans les moyens qu'elle em-
ploya, elle se compromit, eut quelques démélés avec la police, et fut
mise à l'hôpital. Dans ce lieu de
pénitence se trouvoit alors, une autre femme célèbre par sa beauté, son
esprit et son libertinage, *Justine*

Paris, digne émule de la Gourdan. Dès qu'elles se virent, une sympathie puissante leur fit sentir qu'elles étoient faites pour vivre ensemble, et courir de société une carrière plus distinguée que celle qu'elles avoient parcourue jusques-là. Bientôt la conformité de goûts, d'habitudes, de talens et de vices, resserra encore les nœuds qu'un premier sentiment avoit formés.

La retraite forcée où ces femmes vivoient, leur donna le tems de réfléchir à leur conduite passée : elles en sentirent tous les désagrémens, et formèrent le projet d'un établissement unique dans son genre, dont *Justine* seroit la fondatrice, la présidente, ou, comme le public la nomma depuis, la *Mère-Abesse*, et la Gourdan sa *Coadjutrice*. L'exécution de ce projet infame et digne de leurs auteurs fut remise au moment où elles recouvreroient leur liberté. Il arriva enfin ce moment tant désiré. On loua un hôtel rue des deux Portes

Saint-Sauveur, on le distribua d'une maniere commode, et propre à l'usage auquel il étoit destiné. Le luxe le plus somptueux y dominoit, on y trouvoit à souhait, au poids de l'or cependant, tous les plaisirs que le libertinage le plus raffiné pouvoit desirer. Justine étant morte quelques années après, la Gourdan resta seule la présidente et la maîtresse de cet établissement, qu'elle accrut encore en commodités, en plaisirs et en renom. Il en a été parlé plus en détail dans le chapitre précédent qui contient la description étendue de ce fameux sérail, c'est comme le complément de la vie de cette célèbre entremetteuse.. A propos d'*entremetteuse*, ce seroit laisser une lacune bien importante que de ne pas dire avec quel art, quel talent, la Gourdan s'insinuoit chez les femmes comme il faut, gagnoit leur confiance et parvenoit, presque toujours, à les rendre dociles aux propositions séduisantes qu'elle leur faisoit et qui toujours étoient proportionnées à l'objet desiré ; car, de l'aveu même d'une Reine, il n'est point de personne du sexe qui ne puisse s'acheter, il ne s'agit que du prix. C'est ce talent inappréciable, dans une ville comme Paris, qui lui avoit procuré la connoissance et la protection des personnes les plus distinguées de la cour et de la ville, des magistrats, des évêques et même des princes du sang.

Cette éloquente séductrice, dont le nom sera immortel dans les fastes de Cythère, exerça indistinctement ses fonctions d'entremetteuse et de pourvoyeuse dans la capitale. Elle les remplit toujours, à la satisfaction des amateurs. Elle jouissoit de la confiance des libertins de tous les rangs. Il fut peu de seigneurs qui ne voulut recevoir une maîtresse de sa main, tant elle étoit renommée pour ses leçons dans l'art de la volupté : elle écréma, pour ainsi dire, la fleur des grisettes de Paris, elle les décrassoit, les formoit, les plaçoit et les faisoit parvenir en proportion de leurs talents et de leurs attraits.

La Gourdan avoit des émissaires ou pourvoyeuses qui recrutoient son sérail des sujets les plus intéressans : elles alloient les recueillir par-tout, la ville, la campagne, les atteliers, les réduits les plus obscurs ; rien ne leur échapoit. Ces femmes s'appelloient, en termes techniques, *coureuses*, *chercheuses* et *marcheuses*.

Pour achever de peindre cette femme, nous dirons que, sous les yeux de l'Europe entière, elle exerça le métier le plus vil, avec une dignité imposante. Entourée d'amis et de protecteurs puissans, elle crut qu'elle pourroit toujours et impunément braver l'opinion publique et la sévérité des lois, elle se trompa. Une dame de condition, nommée d'O....., fut arrêtée chez elle. Il s'ensuivit un procès criminel, à la suite duquel notre héroïne fut décrétée de prise-de-corps par arrêt de la Tournelle. Avertie à tems par les amis qu'elle avoit au Parlement, elle s'évada ; mais ses meubles furent saisis, arrêtés et les scélés mis dans son hôtel. On sent bien que, dès ce moment-là, tout le bercail fut dispersé et l'établissement dissout. Quiconque pouvoit en obtenir la permission, alloit visiter cet hôtel comme une des plus grandes particularités du monde. D'après la description que nous en avons donnée, on est forcé d'avouer, qu'en effet, c'est le monument le plus digne de figurer dans l'histoire de la corruption sociale.

Tout sembloit annoncer que la dame Gourdan alloit être condamnée, selon la rigueur de la loi, à être promenée, par la ville, sur une âne, le visage tourné vers la queue ; mais quelques conseillers qui lui étoient dévoués, établirent une distinction assez plaisante. On distingue, disoient-ils, deux espèces de *maquerelles*, celles qui séduisent les filles innocentes, et celles qui procurent des filles déjà débauchées à ceux qui veulent en jouir. La G. ne pouvoit, selon eux, être condamnée que pour ce second crime, et la loi ne parloit que du premier. Cette distinction fut sans doute suivie, car la Gourdan ne fut pas condamnée, elle reparut même quelque tems après en public, et reprit son état avec plus d'éclat que jamais ; fournissant des filles et des femmes aux hommes, des hommes aux femmes, et même des femmes aux femmes. Ce n'est pas qu'elle ne fût aussi coupable du premier chef ; mais elle étoit si prudente, que, sur ce point, il n'existoit aucune preuve légale contre elle.

Quelque-tems après elle se retira dans une très-belle terre, qu'elle avoit acquise et y vécut en dame de paroisse.

Un an avant sa mort elle fit faire sa tombe, et composa elle-même

même son épitaphe en ces mots :

Ci gît celle qui vécut en sage,
Et mourut comme Magdelaine.

Sa gaieté et la décence qu'elle avoit établie dans sa maison faisoit presque oublier la licence de sa vie passée. Attaquée d'une décomposition de sang, elle expira sans angoisse, et avec une fermeté d'ame qui ne sembloit pas devoir être le lot d'une femme jadis aussi perverse.

Terminons ce chapitre par une anecdote très-plaisante sur la Gourdan. Notre héroïne, non moins utile aux plaisirs de la Cour qu'à ceux de la capitale, revenoit un jour de Versailles, où elle avoit conduit deux nymphes, morceaux choisis, qu'elle avoit présentés à quelque grand. En approchant de Paris, son carrosse casse ; elle est obligée de mettre pied à terre avec ses élèves. M. l'évêque de Tarbes passe dans ce moment : il prend part au sort de ces dames ; leur offre sa voiture pour

les ramener : elles refusent ; il in-
siste. La Gourdan enfin pense qu'il
sera très-plaisant d'être vue dans le
carosse d'un prélat ; elle accepte ; et
se pavane aux yeux de tous les spec-
tateurs ; la route étoit ce jour là
très-fréquentée. Plusieurs seigneurs
reconnoissent le prélat et sa compagnie. Arrivés, ils n'ont rien de plus
pressé que d'en rire et d'en faire
l'histoire du jour. Elle parvint aux
oreilles de la Dubarri, qui en amusa
le roi. Celui-ci ordonna au grand
aumônier de mander de sa part l'é-
vêque de Tarbes, et de lui faire des
reproches de sa conduite scandaleuse. Le prélat ne sait ce que cela
veut dire. Enfin tout s'éclaircit, et
il reconnoît que la charité n'est pas
toujours bien placée, ni bien récom-
pensée.

CHAPITRE VI.

*Ruses employées par la dame Gourdan, pour attirer dans son serrail la jeune Alphonsine Clainville *. Détails de ses bonnes fortunes.*

ALPHONSINE Clainville avoit été mise en apprentissage chez Buret, marchand de modes, sur les boulevards. Elle y étoit entrée vertueuse, mais elle ne tarda pas à subir les mêmes métamorphoses que ses autres camarades. Sa figure, il est vrai, la mettoit dans le cas d'être plus sou-

---

* La conduite que tint cette mère-abbesse avec Alphonsine est presque la même que tiennent toutes les maîtresses de maisons envers les jeunes filles quelles veulent avoir.

vent sollicitée que ses pareilles ; son caractère étourdi, facilitoit les ouvertures, et la livroit à ces vieilles duegnes, émissaires du libertinage, qui, la regardant déjà comme une victime dévouée au plaisir, lui faisoient sourdement les offres les plus flatteuses.

D'ailleurs, son penchant décidé pour la dépense et le luxe de la parure, donnoit prise sur elle et offroit les moyens de séduction à quiconque vouloit les tenter. Elle n'avoit personne dont les conseils pussent la préserver du danger ; et sa mère, qui auroit dû veiller sur elle, sans être assez dépravée pour la vendre, souhaitoit que sa fille fît fortune, n'importe comment, espérant bien qu'il en réjailliroit quelque chose sur elle.

C'est dans ces circonstances, que la dame *Gourdan*, cette fameuse entremetteuse, la surintendante en titre des plaisirs de la ville et de la cour, apprit, par ses marcheuses, l'apparition de ce nouveau sujet chez le sieur Buret : il n'étoit pas difficile de trouver une occasion pour aller chez ce marchand.

Dès que madame *Gourdan* eut toisé de son coup-d'œil le sujet convoité, il lui parut digne de ses soins : elle conçut tout ce qu'il pourroit valoir entre ses mains, et dressa en hâte ses pièges pour enlacer une si bonne proie. Comme je tiens de sa bouche même cette épisode, je vais rapporter son propre récit, j'en retrancherai seulement les expressions trop libres; aux peintures lubriques, je substituerai des images plus honnêtes :

Un jour que je lui demandois comment elle avoit trouvé cette charmante fille, « j'avois été, me dit-elle,
» instruite par mes marcheuses qu'il
» y avoit chez Buret une nouvelle
» débarquée, extrêmement jolie : je
» m'y rendis, sous prétexe d'acheter
» quelques chiffons de femme. Je
» vis la plus belle créature qu'il soit
» possible de trouver : cela pouvoit

» avoir 17 ans, c'étoit déjà fait à
» ravir ; une taille svelte et noble,
» un ovale de visage dessiné comme
» avec le crayon, des yeux grands,
» bien fendus, le regard en coulisse,
» ce qui le rendoit plus amoureux ;
» une peau d'une blancheur éblouis-
» sante ! bouche jolie, petit pied, des
» cheveux qui n'auroient pas tenu
» dans mes deux mains ! Je jugeai
» par cet extérieur, de ce que pou-
» voit être le reste : je ne voulus pas
» manquer une pareille acquisition.
» Je m'approchai d'elle sans affec-
» tation ; je lui glissai dans la main
» un petit écu et mon adresse sur
» une carte, en lui disant à voix
» basse, et de façon à n'être entendu
» que d'elle, de venir chez-moi dès
» qu'elle en auroit le moment ; que
» c'étoit pour son bien ».

« Je suis femme, et je sais com-
» ment on s'y prend : je me doutois
» bien que mon propos, accompa-
» gné d'une petite générosité, ne
» manqueroit pas son effet. Le

» lendemain, qui étoit dimanche,
» je vis arriver chez-moi mademoi-
» selle Alphonsine : elle me dit qu'el-
» le avoit prétexté d'aller à la messe ;
» je la caressai beaucoup ; je la fis
» déjeûner ; je lui demandai si elle
» se plaisoit où elle étoit. Elle me
» répondit, qu'elle n'étoit point mal ;
» que ce métier là lui convenoit
» mieux que tout autre ; mais elle
» m'avoua qu'en général elle n'ai-
» moit point le travail ; et qu'elle
» aimoit beaucoup mieux rire et
« folâtrer ; qu'elle envioit le sort de
« toutes les dames qu'elle voyoit en-
« trer dans sa boutique, toujours
« bien parées, accompagnées de
« beaux cavaliers, allant à la co-
« médie et au bal. Je lui répliquai
« qu'elle avoit raison ; qu'une jolie
« fille comme elle, n'étoit pas faite
« pour passer son temps à manier
« l'éguille, et à ne gagner, peut-être
« pendant toute sa vie, que vingt
« ou trente sols par jour ; que cela
« ne pouvoit convenir qu'à une mal-

« heureuse et laide ouvrière, qui ne
« pouvoit faire mieux. Alors je l'em-
» brassai vivement ; je la conduisis
« dans les appartemens ; je lui fis
« voir nos boudoirs galans, où tout
« respire le plaisir et l'amour ; je
« l'excitai à porter ses yeux sur les
« estampes qui les ornoient : c'étoient
« des nudités, des postures lascives,
« toutes sortes d'objets propres à al-
« lumer les desirs. Je voyois les
« regards de ma jeune grisette s'en
« repaître avidement : elle étoit en
« feu. Je l'arrachai de-là, n'ayant
« voulu qu'essayer si j'en avois bien
« jugé, et si elle étoit propre à mon
« service. Je la fis ensuite passer
« dans une grande garde-robe où je
« lui ouvris plusieurs armoires. Je
« lui déployai des toiles de Hollan-
« de, des dentelles, des perses, des
« taffetas, des gros-de-tours, des bas
« de soie, des éventails, des dia-
« mans. Hé bien ! m'écriai-je, mon
« enfant, voulez-vous vous attacher
« à moi ? vous aurez de tout cela ;

« vous mènerez la vie que vous de-
« sirerez ; vous serez tous les jours
« aux spectacles et dans les fêtes ;
« vous souperez avec ce que la cour
« et la ville ont de plus grand et de
« plus agréable : et la nuit vous au-
« rez des *joies* : ah ! quelles joies,
« mon cher cœur ! on n'a pu mieux
« les exprimer qu'en les appelant
« les *joies du Paradis !* ... Les con-
« noissez-vous ? Sachez, mon ange,
» qu'il n'est pas de bonheur sans cela,
» il n'est personne qui ne les cher-
» che. Vous verrez des gens de ro-
» be, des gens d'église, des géné-
» néraux, des ministres, des prin-
» ces même, tous ne travaillent que
» pour venir se délasser chez moi,
» et se réjouir avec un tendron com-
» me vous.... Allons, savez-vous
» dequoi il s'agit ?.... Elle me sourit
» avec ingénuité, en répliquant qu'el-
» le ignoroit ce que je voulois dire ;
» qu'on ne lui avoit jamais fait de
» semblables questions, et qu'elle
» ne pouvoit y répondre.... Vous avez

» raison, continuai-je mon amour,
» c'est à moi à le voir.... En même-
» temps je pris le prétexte de lui
» faire essayer un déshabillé divin,
» et tout neuf, qui étoit préparé pour
» une demoiselle qui devoit venir
» faire un souper le soir même. Je
» m'emparai d'elle ; je la déshabil-
» lai...... Je vis un corps superbe !
» une gorge !.... une chûte de reins
» à s'extasier ! non, le ciseau du plus
» fameux sculpteur n'a rien produit
» de plus parfait.... Quant à l'expé-
» rience pratique qu'elle pouvoit
» avoir, c'est ce dont je voulois me
» mettre au fait.... Après m'être
» bien amusée à la revêtir de l'a-
» justement en question, qu'elle au-
» roit voulu conserver sur-le-champ,
» je lui fis entendre que cela ne se
» pouvoit pas pour le moment ; que
» n'ayant eu encore aucune aven-
» ture, et que n'étant pas inscrite
» à la police, je courrois risque d'ê-
» tre enlevée avec elle, si je la gar-
» dois dans ma maison ; et qu'il fal-

» loit qu'elle retourna chez Buret,
» jusqu'à ce que je trouvasse quel-
» qu'un qui voulut l'entretenir; mais
» qu'elle pourroit, en attendant,
» venir furtivement chez-moi, et
» faire des parties qui lui procuras-
» sent de petites aisances. Je lui mis
» dans la poche un écu de six francs;
» et lui indiquai une de mes fem-
» mes que je lui dépêcherois quand
» j'en aurois besoin; et qui, sans
» lui parler, au moyen des signes
» convenus, sauroit se faire entendre:
« elle me sauta au cou et se retira ».

» « Il y avoit alors à Paris une as-
» semblée du clergé : un prélat, dont
» je tairai le nom, me sollicitoit de-
» puis long-temps de lui procurer
» quelque novice, à laquelle il pût
» donner les premières leçons du
» plaisir ; je n'avois pu le satisfaire.
» Il nous est bien permis d'employer
» les filles qui se présentent de bon-
» ne volonté; mais nous ne pouvons
» débaucher personne. Alphonsine
» me parut propre à cette destina-

» tion : j'écrivis à monseigneur que
» j'avois trouvé son affaire, et que
» sa grandeur pouvoit se préparer,
» qu'elle seroit contente. Nous con-
» vînmes du jour et de l'heure; je
» fis avertir à temps ma pucelle; je
» l'instruisis du rôle qu'elle devoit
» jouer; ou plutôt, je lui dis que
» sans vouloir arracher son secret,
» ni entrer dans ce qu'elle pouvoit
» savoir, il falloit qu'elle fût abso-
» lument ignorante sur tout ; même
» sur le propos. Je la fis parfumer ;
» on la coiffa élégamment; on l'ha-
» billa de même : elle étoit enchan-
» tée de se voir aussi brillante. Je
» la livrai dans cet état au prélat,
» après avoir touché cent louis de
» cette fleur : il en fut vraisembla-
» blement très-émerveillé, puisqu'il
» vouloit l'entretenir ; mais l'assem-
» blée ayant fini, il fut obligé de
» retourner brusquement dans son
» diocèse : d'ailleurs, cela n'étoit pas
» à dire vrai dans mes arrangemens :
» cette pucelle devoit l'être encore
» que

» plus d'une fois avant que je m'en
» défisse tout-à-fait. Cependant, pour
» me la concilier de plus en plus , je
» lui donnai des chemises, une robe;
» et je lui conseillai de faire accroire
» à ses camarades qu'elle avoit ga-
» gné â la loterie , afin d'écarter
» tout soupçon : mais je m'appercus
» à sa réponse qu'elle étoit aussi fine
» que moi. Cependant je l'avois prise
» par son foible ; mes petits cadeaux
» lui avoient donné la faculté d'être
» habituellement propre et bien mise :
» elle m'aimoit beaucoup, et m'ap-
» peloit sa petite maman ; elle rioit
» comme une folle quand je lui disois
» de faire la novice ; et puis, au mo-
» ment de jouer cette espèce de co-
» médie , elle reprenoit son air agnès
» et en imposoit aux plus habiles.
» Déjà neuf à dix amateurs, préten-
» dus grands connoisseurs, avoient
» tâté de ma pucelle ; la noblesse et
» la haute finance avoient succédé
» à l'église ; la robe en avoit aussi
» tâté : elle m'avoit valu plus de
Tome I.   F

» mille louis ; j'étois à la veille de la
» livrer à la bourgeoisie , lorsqu'un
» contre-temps inévitable dans nos
» maisons , déconcerta mes projets
» et m'obligea de me séparer de ma
» chère Alphonsine ».

J'étois curieux d'apprendre la ca-
tastrophe qui avoit causé cette sépa-
ration , mais la Gourdan éluda
toutes mes questions : ce que je pus
découvrir , c'est qu'à la suite d'une
orgie , où un personnage d'un rang
supérieur , avoit eu quelques démêlés
avec d'autres convives , la police fit
chez elle une visite si sérieuse et si à
l'improviste , qu'on ne put sauver la
belle Alphonsine , sujet innocent de
la querelle.

CHAPITRE VII.

Portrait physique et moral de la dame Césarine Florence; son origine, sa vie privée, et sa mort.

L'HÉROINE dont je vais parler étoit comme Melchisedech, sans fortune et sans parens; elle avoit été lancée dans le monde à ballon perdu. Elévée aux enfans trouvés, elle en sortit pour faire son apprentissage chez une lingère de la rue St.-Denis. Un vieux gouteux la lorgna, en allant faire des emplettes dans le magazin où elle travailloit toute la semaine. Le paillard qui la connoissoit, et qui sentoit ses sens titiller, à la vue des charmes naissans de *Césarine*, lui dépêcha une appareilleuse bien stylée, qui s'insinua adroitement dans son esprit, et qui la détermina à venir un dimanche dîner chez elle. Le vieux Ribaud s'y trouva : l'hypocrisie du tartuffe triompha de la crédulité de la jeune inexpérimentée : un peu d'or et quelques bijoux, firent les frais de la séduction. Un grabat surhaussé d'une siamoise de vieille date, fut l'autel où le gouteux fit la tentative du sacrifice qu'il projettoit. La nature qui n'est pas toujours aux ordres de ceux qui ont mésusé de ses faveurs, le traita ce jour-là en ingrat. Le vieillard promit de revenir réparer son honneur ; il revint, mais ne fut pas plus heureux. Cependant un sien neveu qui avoit intérêt de dépister les allures de son oncle, le devança un jour chez l'appareilleuse, et répara amplement les torts d'un des chefs de sa famille. A dater de ce jour, Césarine renonça à sa boutique et à la vie honnète et tranquille qu'elle y menoit, pour se plonger dans le vice et toutes les horreurs qu'il enfante : elle devint ce qu'on appelle fille de joie. Après avoir passé comme un effet de place, de main en main, elle tint une maison publique, où tout venant étoit accueilli, pourvu qu'il payât la rétribution fixée.

La Florence avoit une taille élancée des plus élégantes ; sa tournure étoit pleine de graces, sa chevelure étoit brun - châtain et d'une telle longueur, qu'elle en faisoit deux fois le tour de son corps. elle avoit les yeux bleus, sa gorge étoit superbe. Le moindre de ses gestes appelloit son *buveur*. Elle se brouilla souvent avec la police, parce que les pères trouvoient très-mauvais que leurs fils désertassent leurs maisons, pour se gîter chez ces chauve-souris de Cythère. La police faisoit alors des descentes chez elle : elle avoit recours à une somme qu'elle tenoit en réserve pour ces sortes d'occasions ; elle en faisoit le sacrifices, etouffoit par ce moyen l'affaire ; alloit pour huit jours à la campagne se divertir, et on disoit que madame étoit absente. Plus prévoyante que celles qui exercent le même métier, elle sut se faire un sort indépendant : elle acheta une petite maison aux environs de Paris, où elle vécut les deux dernières années de sa vie en honnéte femme. Quelques mois avant sa mort, elle rendit le pain béni comme un des notables du lieu.

Ainsi le vice peut par-fois reprendre les livrées de la vertu. Il le doit même, dès qu'il veut jouir de quelque tranquillité. Quelle leçon, quel argument en faveur de la vertu. On peut à force de corruption, de vices et de crimes, acquérir de l'or, mais tôt ou tard, ces vils moyens qui ont amené ces richesses, sont abandonnés, on sacrifie tout pour les faire oublier. C'est-là un véritable hommage rendu à la vertu.

CHAPITRE VIII.

Coup-d'œil philosophique sur l'état et la profession de fille publique, par Julie-Babet, fille d'amour chez la Montigni.*

Il en est de la galanterie chez les femmes comme de la bravoure chez les hommes. C'est la voie la plus sûre pour s'illustrer, se faire un nom et parvenir à l'immortalité.

La beauté n'est donc pas faite pour être obscure, ni pour suffir sottement aux regards dédaigneux

---

* Julie-Babet, quoique bien faite, n'étoit pas jolie, mais elle étoit douée d'un esprit si prononcé et si aimable, que tous les hommes briguoient ses faveurs.

d'un seul homme à qui la possession rend tout insipide. Une belle est dans la société un ornement placé comme le soleil pour égayer par son éclat, ou pour echauffer tout ce qui l'environne. Une jolie femme doit regarder tous les hommes comme sa conquête et le métier d'une fille publique est de vivre avec eux comme un soldat en pays ennemi. Née le plus souveut dans la plus vile condition, toujours avec quelques charmes, et avec beaucoup de disposition pour les faire valoir, elle doit comprendre, de bonne heure, que ces avantages ne lui ont été dounés par la nature que comme un dédommagement de la fortune. Un peu de figure, assez d'art, et plus de conduite (1) encore

---

* *Plus de conduite !* N'est-il pas risible d'entendre la Babet parler gravement de *conduite*. Il est prouvé que toutes les filles de joie ont eu une fin malheureuse : je dis *toutes*, parce que les exceptions en sont si

que d'ambition, c'est tout ce qu'il faut pour se faire une condition des plus agréables. Nous sommes, il est vrai, en but aux contradictions des deux sexes, mais a quoi, dans le fond, cela se réduit-il? — Les femmes en général ou nous plaignent, ou sont déchaînées contre nous. Celles qui nous marquent le plus d'acharnement le font par un interêt caché, ou par pure envie, et le plus souvent elles sont dirigées par ces deux motifs. Elles ont en effet beaucoup d'intéret a s'élever contre les plaisirs faciles puisqu'ils leur dérobent des amans; et d'aillieurs elles se vengent par-là de la triste régularité dont elles sup-

rares, qu'on peut ne pas les mettre en ligne de compte. L'esprit de conduite ne peut se concilier avec l'esprit de débauche. Où en serions-nous, grand Dieu! si une femme publique pouvoit avoir quelque conduite, et par son moyen jouir du bonheur qui n'est dû qu'à la vertu.

portent impatiemment le poids : il faut donc bien qu'elles s'en prennent à nous de leurs souffrances.

Celles, au contraire, qu'une vie moins austère rend plus commodes, nous regardent seulement en pitié, et nous plaignent d'être incapables, selon elles, de jouir de vrais plaisirs. Elles croient que les sens tout seuls n'en goûtent que de bien imparfaits : elles veulent que le cœur soit toujours de la partie, quoiqu'elles sachent bien que l'habitude émousse le sentiment. Les pauvres femmes sont encore à savoir quel est l'instant le plus délicieux de la jouissance. Elles supposent que nous n'aimons qu'une fois : qu'une véritable inclination épuise cette extrême sensibilité qui ne dépend jamais de nous, et qu'après cela cette passion que nous croyions sentir n'est plus dans le cœur ; que c'est uniquement le goût des plaisirs....... En cela, cependant comme en mille choses, l'expérience est pour ou contre. Un peu moins de sensibilité n'ôte pas le goût du plaisir, et fait à coup sûr notre bonheur. Cette disposition ne nous donne qu'une volupté plus solide, et nous épargne autant de peines qu'elle semble nous dérober d'agrémens. Si l'amour n'assaisonne pas nos plaisirs, nous sommes bien dédommagées de la vivacité qui leur manque par le calme heureux de nos sens, et ce que nous perdons de leur piquant est récompensé par leur abondance. La nature au surplus ne perd pas ses droits, et le tempérament à toujours les siens : j'ai fait, dit notre Babet philosophe, cette observation sur moi-même : plus je me suis détachée des hommes, plus j'ai pris de goût pour mon métier, et quand je suis parvenue à ne plus rien aimer, ce que je dissipois en tendresse, a tourné ordinairement au profit de ma complexion.

Les hommes plus indulgens pour nous, parce que nous sommes ce qu'ils nous font, nous plaignent souvent plus qu'ils ne nous maltraitent, du moins ils se contentent de nous mépriser ; mais aussi, pour l'ordinaire, ces mépris sont achetés bien chérement. Suivant eux, nous sommes des victimes dévouées à leur brutalité, à leurs caprices et à leur tyrannie. Ils prétendent qu'un amant qui paye, achete le droit de nous faire sentir ses dédains, même au milieu de ses caresses ; de mêler les mépris aux desirs, et l'outrage à la plus ardente passion. La débauche, ou le besoin nous l'amène, et il ne nous quitte guères sans repentir. Il sait qu'il fait seul tous les frais d'un plaisir, que nous partageons rarement ; il sort de nos bras comme il sort de table, rassasié de nos faveurs, et prêt à fouler aux pieds un mets insipide, qui en lui ôtant tout au plus sa faim, y a fait succéder le dégoût. — Les pauvres dupes ! Ils nous regardent comme les vils objets de leur passe-tems', et ne voyent pas qu'ils sont eux mêmes, les ministres de nos besoins,

ou

ou de nos plaisirs. S'ils nous croyent dignes de leurs mépris, ils méritent bien autant les nôtres. Et n'en sommes-nous pas vengées par le ridicule tribut que vient nous payer chaque jour ou leur foiblesse, ou leur folie! S'ils nous montrent de la répugnance, nous leur rendons bien dégoût pour dégoût, ils doivent s'en appercevoir. Toujours nous ne leur abandonnons qu'une statue ; et tandis qu'enflammés par leurs propres désirs, ils se consument sur des appas insensibles, notre tranquille froideur jouit tout à loisir de leur sensibilité. C'est dans ce moment où tous les hommes sont égaux, le souverain comme le sujet, que nous reprenons sur eux tous nos droits. Une petite chaleur de sang renverse à nos pieds ces superbes, ces êtres arrogans, et nous rend maîtresses de leur sort. Un de nos regards confond leur orgueil, et un sourire égare leur raison. Que l'on juge à présent de quel côté est l'avantage.

Tome I.　　　　　　　　　　　　C

Mais avons-nous besoin d'apologie ? Le goût des hommes parle assez en notre faveur, reposons-nous sur leur foiblesse, du soin de nous justifier.

CHAPITRE IX.

Leçons ou maximes à l'usage des Filles du monde, rédigées par la dame Florence, mère-abesse, tenant un sérail dans le faubourg Saint-Germain.

ARTICLE I.

TOUTE fille ou femme qui veut faire profit de ses charmes, doit se considérer comme une marchande, et

---

* Toutes filles publiques doivent se graver profondément dans la mémoire ce petit codicile pour en faire l'usage indiqué : et les hommes devroient le savoir par cœur, pour éviter tous les piéges qu'on ne cesse de leur tendre.

G 2

n'avoir en vue que ses intérêts et le gain.

ART. II.

Son cœur doit toujours être inaccessible au véritable amour. Il suffit qu'elle fasse semblant d'en avoir, et sache en inspirer aux autres.

ART. III.

Elle n'accordera point les prémices de sa beauté aux vœux impatiens de la jeunesse ; il seroit à craindre qu'elle ne prit du goût pour celui qui lui ouvriroit cette délicieuse carrière, elle saura que rien n'est plus funeste à la profession qu'un attachément tel qu'il soit, sur-tout lorsqu'il est prématuré.

ART. IV.

Celui qui paye le mieux, et dont la générosité n'est pas calculée, doit avoir la préférence sur ses rivaux.

ART. V.

Elle se méfiera des prétendus gens

de qualité, et ne transigera jamais avec eux. Ils sont pour la plupart hautains et escrocs : elle préviendra leur libéralité, et le *cadeau* sera payé d'avance.

Art. VI.

Elle s'attachera de préférence aux gros Financiers. Ce sont des gens renforcés, solides et aisés à gouverner. Il n'y a que manière de les prendre.

Art. VII.

Victime d'un amour mercénaire, rien ne lui répugnera : elle souffrira patiemment tous les caprices de l'homme qui la paye, il faut qu'elle soit généreuse lorsqu'il le faudra. Elle aura pitié des malheureux ; et trompant leur amour en délire, par l'idée d'une fausse victoire, elle leur laissera croire qu'ils ont fait tous les travaux d'Hercule.

Art. VIII.

Si elle est prudente, elle éconduira

les amoureux : ce sont des animaux qui n'apportent aucun profit à la maison, au contraire ils en éloignent souvent ceux qui la soutiennent, et qui fournissent aux dépenses.

Art. IX.

Si elle a un *amant-entreteneur*, elle ne craindra pas pour cela de commettre une iufidélité : elle saura que c'est un mal d'imagination, que peu en meurent et beaucoup en vivent. En consequence, lorsqu'il se présentera quelques bonnes *passes* ou *passades*, elle ne se fera pas scrupule de les accepter. Elle n'oubliera point que c'est le casuel du métier.

Art. X.

Elle sera sobre, frugale, évitera toute boisson, ne se permettra les mets fins et délicats que lorsqu'ils ne lui coûteront rien.

Art. XI.

Elle aura toujours devant les yeux

le sort de celles qui l'ont précédée; et pour l'éviter, elle aura grand soin de placer son argent à mesure qu'elle en recevra : elle se fera de bonnes rentes, pour prévenir la misère réservée ordinairement à celles qui ne calculent pas, et qui ne sont livrées qu'à la turpitude du libertinage.

Art. XII.

Si un étranger et un Français également riches se trouvent en concurrence auprès d'elle, elle ne doit pas hésiter à se déclarer en faveur du premier. La politesse le veut ainsi ; et surtout elle y trouvera mieux son compte, si elle a affaire à quelques bons milords. Ce sont des gens capables de se ruiner par orgueil pour qu'on les croye plus opulent que les autres.

Art. XIII.

Elle fera prudemment, pour son honneur, d'éluder la connaissance de certains hommes qui par leur goûts anti-physiques, traînent après eux la honte, et le deshonneur. Ils sont aisés à reconnoître.

ART. XIV.

Obligée par *état* de recevoir chez elles toutes sortes de personnes, pour le bien de sa santé, elle aura sans cesse devant les yeux le tableau horrible des souffrances qu'endurent les tristes victimes d'une débauche crapuleuse : en conséquence elle prendra à l'avance toutes ses précautions à ce sujet.

ART. XV.

Simple, coquette et prude tout à-la-fois, elle saura que la *simplicité* attire. La *coquetterie* amuse, et la *pruderie* retient. Ce sera la base de sa conduite.

ART. XVI.

Elle n'aura point de caractère à elle ; elle s'appliquera à étudier avec le plus grand soin celui de son *en-treteneur*, et saura s'en revêtir comme si c'étoit le sien propre.

Art. XVII.

Elle se rappellera *au besoin qu'avec beacoup d'esprit, assez de beauté et peu d'amour*. Elle gouvernera toujours à sa fantaisie l'homme du monde le plus impérieux.

Art. XVIII.

Malgrè tous les avantages apparens de son état, elle sera bientôt convaincu qu'il est de tous le plus malheureux et le plus humiliant, en conséquence, elle ne négligera rien pour s'en retirer *avec prudence et honneur*, c'est à dire, pour prendre un établissement *honnête*, *durable*, et qui la mette à l'abri de la misère, suite presqu'inévitable de l'état qu'elle exerce.

CHAPITRE X.

Avanture de deux dames de condition chez la Gourdan ; procès singulier à cette occasion. — Reflexions morales.

Nous avons parlé, dans le chapitre précédent, de l'affaire de Madame d'O ***, et des suites fâcheuses qu'elle avoit eue, pour la Gourdan : voici cette affaire en détail ; elle paroît bien romanesque, mais elle est vraie, et extraite des pièces authentiques produites au procès.

Madame d'O **, femme d'un grand bailli-d'épée de la ville de D ***, étoit à Paris en 17...; un chevalier de St.-Louis, qu'elle avoit vu chez elle, profite du vide de sociéte où elle se trouve, pour lui rendre des visites assidues : bientôt il lui fait sentir la nécessisé de se procurer des liaisons ; il lui vante une comtesse de ses amies, d'un certain âge, bien répandue, tenant un état considérable, et recevant la meilleure compagnie. Le moyen que Madame d'O *** ne se laissât point aller à une proposition aussi décente ! elle n'avoit pas assez d'expérience des intrigues de Paris, pour savoir que les fonctions les plus malhonnêtes y sont souvent l'apanage de l'homme décoré et titré : elle accepta donc avec empressement, et fut conduite chez la petite comtesse.

Celle-ci remplit son rôle à merveille ; son extérieur décent, et plein de dignité, une vaste et belle maison, un domestique nombreux, des appartemens superbement meublés, tout annonçoit un état opulent. Aux politesses d'usage, succédèrent des épanchemens d'amitié : on se promit de se revoir plus intimement, mais la dame d'O *** ayant dû aller en province, elle n'en revint que deux ans après. Elle fut accostée, au bal de l'Opéra, par un masque qu'elle reconnut pour la dame qui l'avoit si bien reçue deux ans auparavant : grands reproches d'une part, excuses de l'autre. Madame d'O *** promet d'aller souper chez son ancienne connoissance. Les convives étoient ou paroissoient être tous gens du plus haut parage ; le souper fut gai, mais sans indécence, et l'on se retira de bonne heure. Quelque temps après, s'étant rendue dans la même maison, d'après un billet qui l'y invitoit, elle se trouve assaillie par un inspecteur de police et un commissaire, qui l'arrêtent de la part du roi, et lui apprennent que le lieu où elle est, est un lieu de prostitution, que la femme qu'elle croit son égale, en est la directrice ; que c'est la dame Gourdan. Alors, sans avoir égard, ni à ses larmes, ni à ses remontrances, elle est conduite à Ste.-Pélagie, dans cette maison de force, destinée à purger la société de son

plus

plus vil rebut, et à donner un frein à ces Messalines dont aucune pudeur ne peut arrêter les écarts et les débauches.

La dame d'O***, mère de famille, l'alliée d'une infinité de maisons illustres, est dépouillée de ses habits, couverte d'une robe de bure, et reçoit le signe de l'infamie, en voyant tomber ses beaux cheveux, l'ornement de sa tête.

Cependant son mari arrive à Paris, obtient que sa femme soit exilée dans une de ses terres, où elle doit vivre avec lui. Après y avoir passé quelque temps, elle découvre que son mari projette de la faire enfermer pour sa vie. Elle fuit en Angleterre : là, elle apprend qu'il a rendu plainte contre elle, en adultère. Elle repasse en France, demande la nullité de la procédure : alors intervient l'arrêt dont nous avons parlé, qui décrète de prise de corps la Gourdan.

Cette anecdote prouve que l'infâme entremetteuse etoit très - propre à jouer tous les rôles qu'on vouloit lui indiquer, pourvu qu'elle assouvît sa cupidités ; l'anecdote suivante confirmera cette assertion.

Le sieur D ***, fermier-général, vieux libertin, très - riche, voyoit en société une femme de condition venue à Paris avec son mari, pour affaires. Elle avoit donné dans l'œil du Turcaret, mais ses soupirs avoient été assez mal reçus, ce qui n'avoit fait qu'irriter ses desirs. Il va trouver la Gourdan, lui offre une forte somme, si elle peut déterminer cette beauté à lui devenir favorable ; il l'autorise à cet effet à faire des propositions solides. La Gourdan commence par faire connoissance avec la femme-de-chambre ; elle a bientôt accès auprès de la maîtresse, comme marchande à la toilette ; elle montre des bijoux, des étoffes et autres effets précieux. La belle désireroit bien un écrin de dix mille écus, mais elle est loin de posséder cette somme. L'habile entremetteuse engage la

dame à venir chez elle, pour y examiner plus en détail, les diamans,
et convenir des conditions du marché, qui seront très-accommodan-
tes, parce que le propriétaire est
dans le besoin. Il veut s'en défaire
avec perte. La jeune dame, qui, à
l'exemple de ses semblables, traite
cette affaire à l'inçu de son mari,
trouve ce rendez-vous très-commo-
de, et l'accepte. Le dimanche suivant, sous prétexte d'aller à l'église,
enveloppée d'une calèche, elle va
chez la prétendue marchande à la
toilette. La Gourdan l'introduit dans
un cabinet, lui déploie les diamans,
les lui essaie, lui met les girandoles
aux oreilles, la bague au doigt, le
collier au cou, etc. La dame se voit
dans une glace, s'admire et s'écrie :
Cela est bien beau, mais sans doute
bien cher ! Non, Madame, répond
l'entremetteuse. A l'instant le financier entre : voilà, dit-elle, le propriétaire ; vous vous arrangerez à
merveille ensemble : je vous quitte.

Elle sort aussi-tôt, ferme la porte à la clef, et laisse la victime en proie aux desirs effrénés du vieux libertin, qui, de son côté, croyant ses propositions acceptées, fait les déclarations les plus chaudes, et se met en devoir de recueillir le fruit de ses avances. Tout cela s'étoit passé si brusquement, que la dame, pétrifiée, n'avoit pas reconnu le fermier-général. Elle lui témoigne sa surprise et le repousse avec indignation. Etonné à son tour, il demande si elle s'est flattée d'obtenir ces diamans sans les payer, au moins par des complaisances. Il s'ensuit une explication affreuse ; la dame apprend où elle est ; point de clef à la porte ; elle a beau sonner, personne ne vient. L'infâme hôtesse du lieu voyoit personnellement le combat par une ouverture secrette ; elle se flattoit toujours que les diamans opéreroient leur effet, et ne pouvoit concevoir qu'une femme pût résister à un pareil appât. Cependant, le

(89)

vieil amoureux, fatigué de cette lutte inutile, remet ses diamans dans sa poche. La Gourdan reparoît, fait ses excuses tant bien que mal. La dame et le vieux galant, furieux d'être les dupes de cette coquine, la menacent de la faire mettre à l'Hôpital ; mais, tout bien considéré, ils préférèrent de se taire. La dame jura bien de renoncer aux écrins trop riches, et de ne plus aller chez les marchandes à la toilette.

Au reste ces scènes ne doivent pas étonner dans des maisons établies par le crime, et pour le crime; on doit toujours s'attendre à ne voir d'autre résultat. Les maisons des débauches actuelles, quoique dirigées par d'autres que par la Gourdan et la Montigni, n'en sont pas plus sûres, la Ste. Foix, la Ste. Hubert ne sont pas moins perverses que leurs dévan. cières, et les nouveaux riches qui fré- quentent leurs sérails ne sont pas moins corrompus ni plus délicats que

les grands seigneurs de l'ancien ré-
gime.

On pourroit, à l'appui de ce que
nous avançons, citer des faits, mais
les personnages que nous mettrions
en scène étant vivans, et jouant un
rôle important dans la société,
nous nous condamnons au silence,
pour ne pas causer le scandale.

CHAPITRE XI.

Grisettes, petites Ouvrieres mises en apprentissage chez les Marchandes de modes pour prendre le goût de la parure et des plaisirs.

LA Paris fameuse appareilleuse qui s'est immortalisée à jamais par sa haute science dans les fastes de Cythère et dont nous donnerons la vie dans le cours de cet ouvrage, la Paris avoit pour habitude tous les mois de meubler son *sérail* de quelques nouveaux jolis visages. Elles prenoient ou débauchoit ordinairement quelques petites ouvrières ou grisettes sous un prétexte de bienfaisance, tandis que ce n'étoit que pour leur donner un goût insatiable pour le monde, et faire naître en elles le désir le plus ardent des parures et des jouissances, elles les mettoient en apprentissage dans un riche magazin de modes. La maîtresse de la boutique étoit comme on le croit bien d'intelligence , et n'oublioit rien de ce qui étoit nécessaire pour mettre bien vîte ces innocentes créatures en état de remplir les vues de la mère-abbesse. On veilloit sur elles avec la plus scrupuleuse exactitude , et par ce moyen , on étoit toujours assurée, sinon de leur sagesse, du moins de leur virginité.

La Paris étoit une femme adroite, qui voyoit loin, et qui connoissoit tout le charme de ces temples de la coquetterie. En effet une boutique de modes ne peut que flatter infiniment les goûts d'une jeune fille qui entre dans le monde, et qui n'a encore rien vu. — On lui fait passer tour-à-tour en revue les étoffes les plus riches, et les plus prétieuses , les parures les plus élégantes, et les plus recherchées , les fanfreluches , les

pompons, les ajustemens, les ornemens si délicieux pour une femme,
et tout ce que l'aiguille, ou le fuseau
peuvent produire d'exquis. —— Eh !
comment une jeune Nymphe resis-
teroit-elle à tant de charmes ? Ce
spectacle doit nécessairement éveiller
la vanité dans un cœur novice, y
faire naître l'amour du luxe et de
la frivolité. Si on considére bien
le genre d'occupations journalières
d'une fille de modes, on sentira
qu'elle ne peut à la longue échapper
à la corruption des mœurs. En effet,
son art consiste non - seulement à
façonner les diverses productions de
nos manufactures, mais encore à les
faire tourner au profit des passions
du sexe qui l'emploie. Il faut qu'elle
s'évertue sans relâche tantôt à enfler
l'orgueil de la fastueuse, tantôt à ai-
guiser les traits de la coquette,
ou bien à donner plus d'ardeur à
l'amoureuse, plus de tendresse à la
voluptueuse, plus d'energie à la ja-
louse, et plus de lasciveté à la courti-

sanne. La beauté veut recevoir *des graces* ; la Gentillesse, *du feu* : et la laideur , des déguisemens. Toutes les femmes briguent le triomphe, et chacune à sa manière. Il n'est pas jusqu'à la dévote qui ne desire trouver grace devant les yeux de son directeur.

En outre le genre de pratiques qui circulent dans ces atteliers de la galanterie, et de la frivolité, ne contribue pas peu à faire tourner la tête des ouvrières qu'on y occupe. C'est une demoiselle échappée du couvent qu'il est question de dresser à l'art de plaire ; il faut captiver avec le secours de la parure l'époux qu'on lui destine. C'est une nouvelle mariée qu'on veut présenter aux cercles les plus brillans, et qui dans son cœur formant déjà le désir de séduire, s'evertue en tous sens pour trouver le moyen de rendre ses attraits plns enchanteurs. C'est surtout une actrice, une chanteuse, une danseuse, une courtisanne, qui, de simple grisette ou peut être d'un état encore plus bas, devenue la maîtresse d'un riche seigneur, roule dans un char superbe, ses habits sont magnifiques, sa parure étincelle de diamans, peut-on ne pas envier sa condition ? Vient ensuite un petit maître qui commande des présens pour sa maîtresse, et qui glisse des douceurs en passant à ces prêtresses subalternes de Vénus : elles n'entendent continuellement parler que de parures, de fêtes, de bals, de comédies, de plaisirs et d'amour. Si quelque fois elles sont obligées de prêter leur ministère à des décorations lugubres, c'est encore pour les rendre moins tristes, et pour y jeter des grâces. Une veuve qui commande son deuil, exige qu'on entrevoie des-lors quelle n'est pas destinée à porter toute la vie ces crêpes lugubres : elle veut que ces enveloppes sinistres donnent à sa beauté plus d'interêt et lui fassent, pour ainsi dire, les apprêts d'une nouvelle conquête.

A ces séductions, qui entrent par

tous les sens, dans le cœur d'une fille
de modes, qu'on ajoute les efforts les
plus actifs de ces duégnes émissaires
du libertinage, qui la regardant déjà
comme une victime dévouée au plaisir, lui font sourdement les offres les
plus flatteuses, soit pour elles mêmes,
soit en faveur d'un cavalier galant,
dont les yeux de concupiscence seront tombés sur la jeune enfant: et
l'on conclura qu'il est moralement
impossible que cette jeune fille ne
succombe à la tentation et à l'exemple général.

CHAPITRE

CHAPITRE XII.

*Belles de nuit ou stations nocturnes
aux Tuileries, sur les Boulevards
et autres promenades.*

IL est à Paris des femmes qui, soit
à cause de leur âge ou de leur état,
ou d'une sorte d'honnêteté à laquelle
elles n'ont pas renoncé, n'osent af-
ficher ouvertement le libertinage.
Pressées cependant par l'indigence,
ou pour se donner un peu plus d'aisance, elles profitent de l'obscurité
de la nuit; elles se rendent aux jardins publics, enveloppées quelquefois sous un immense voile. Là, elles
agacent les hommes avec une sorte
d'impunité ; et, déguisant jusqu'à
leur voix, elles jouissent de la plus
entière liberté de l'*incognito*. D'un

autre côté, il est des libertins honteux, de vieux avares, des gens ma-
riés, des débauchés d'un genre particulier, qui sont enchantés de pouvoir assouvir dans l'ombre du mystère, et dans le silence des bois, une
passion qu'ils n'osent aller satisfaire
dans les lieux consacrés à cet effet.
Cette manière est même, pour certains amateurs, la *rocambole* du plaisir : et, quoiqu'ils n'ignorassent pas
que la vue de la plupart de ces *belles
de nuit* ne seroit pas soutenable au
grand jour, ils aiment cependant
à se laisser aller aux erreurs d'une
illusion mensongère, et à suppléer
par l'imagination, à la réalité; ce
qu'ils ne pourroient faire, si une
connoisance intuitive de l'objet les
empêchoit de s'y livrer. A la faveur
au contraire, d'un leger crépuscule,
d'une lueur incertaine, les divers
défauts s'éclipsent, tout ce qui porte
les attributs du sexe s'embellit, et
acquiert le droit de plaire. Les graces surannées reprennent leur fraî-

cheur, et la *matrone* la plus hideuse trouve encore à trafiquer de sa laideur dégoûtante. Ces femmes aident autant qu'elles peuvent à la méprise par une toilette préparatoire : elles quittent leurs haillons, elles se parfument, elles remplissent les rides de la vieillesse avec des pommades; elles blanchissent, elles adoucissent leur peau noire, livide et tannée : des coussinets, un fichu, artistement placés, rendent l'image trompeuse d'une gorge belle de santé et de jeunesse. Elles réparent, par des lotions astringentes, les ravages de leur lubricité; elles endossent une robe de taffetas, et se donnent ainsi l'extérieur d'une nymphe propre et charmante.

Deux choses contribuent à mettre en vogue ces *Vénus* ténébreuses. Premièrement, il se trouve dans le nombre, quelques honnêtes femmes, les unes, guidées par une curiosité indiscrette et folle, les autres, douées d'un tempérament insatiable, qu'elles cherchent à calmer, au moyen des plaisirs furtifs, qui, en leur laissant l'extérieur de la vertu, les garantissent des suites de leur fureur impudique ; et cette amorce, quoique souvent chimérique, est d'un grand attrait pour les galants.

En second lieu, la difficulté, l'impossibilité même, presqu'absolue, de se livrer dans les jardins publics à des plaisirs trop souvent funestes, fait préférer par certains hommes ceux que les femmes en question leur offrent, à d'autres qu'ils seroient tentés de prendre, s'ils étoient en liberté de le faire.

Cependant ces malheureuses victimes de la honte mènent ce petit commerce clandestinement, pour ne point déroger à la vie bourgeoise, ni se faire exclure, en affichant le scandale de leurs petites coteries. Elles courent souvent le risque d'être arrêtées. Car malgré l'extrême liberté qui regne dans les jardins publics, on donne les ordres les plus sevères

pour en exclure la débauche ; les filles ou femmes qu'on surprend en fla-
grant délit sont, sans miséricorde,
envoyées à l'Hôpital. Des agens secrets de la police sont chargés de
cette inspection, qui, sans détruire
entièrement le mal, arrête le scandale. Quand ils voyent plusieurs de
ces femmes assises au pied d'un ar-
bre, ou d'un amas de chaises, ils
s'approchent d'elles (Elles ne sauroient les reconnoître à leurs vêtemens bourgeois.); aussitôt, croyant
qu'elles ont trouvé leur affaire, elles
leur offrent leurs petits services, en
termes techniques, avec lesquels ces
ambulantes expriment, sous une
image honnête, l'acte de leur métier
ignoble. Alors ils s'asseoyent à côté
d'elles, paroissent écouter leurs propos, et se laisser séduire ; mais après
ces préliminaires, et au moment que
la conversation veut s'échauffer, ils
les arrêtent.

I 2

CHAPITRE XIII.

Aventure du jeune chevalier de Walbé, chez une fameuse courtisanne, connue sous le nom de comtesse de Grassi la Napolitaine. — Portrait de cette dame et de Pauline sa fille.

JE venois de passer la soirée dans une de ces maisons de jeu d'où j'étois sorti avec un gain de 400 louis qui me furent payés en or. Il étoit près de minuit. Les rues étoient paisibles, quelques piétons se rencontroient de loin en loin, et tranquillement je me rendois chez moi avec mon trésor. J'étois à peine arrivé au détour de la rue de Quatre Fils que je me vois accosté par une grande belle fille, vêtue de la manière la plus élégante et la plus dé-

cente. Ses cheveux blonds étoient
épars, et son mouchoir jetté comme
à l'abandon, me laissoit voir les
palpitations du plus beau sein : elle
étoit toute en pleurs, et les sanglots
étouffoient sa voix. Je m'arrête.....
Qu'avez - vous , Mademoiselle ?
J'ouvre les bras, elle s'y précipite ,
et une vive agitation est sa réponse :
je la serre étroitement , et lui témoigne le plus vif intérêt. — Ah !
Monsieur, s'écrie - t - elle , qui que
vous soyez, ayez pitié de la plus
malheureuse des filles. — Qui êtes-
vous ? — Une fille perdue : ma mère
m'abandonne, elle vient de me chas-
ser de chez elle , et ne veut plus me
revoir ; hélas ! Monsieur , que dé-
viendra Pauline ? — Que deviendra
Pauline ! je répète avec feu cette ex-
clamation. Ce que vous deviendrez ,
lui dis - je , en serrant ses belles
mains ; vous rentrerez dans le sein
de votre famille , je vous conduirai
chez vous , et je ferai votre paix. —
Oh ! non, jamais ma mère ne vou-

dra me voir, elle me déteste, elle m'abhorre, parce que je ne puis sur-monter mon aversion pour l'époux qu'elle me destine. — Quelle étoit belle ! quelle étoit intéressante ! mon cœur s'attendrissoit et n'étoit pas loin de concevoir pour elle une passion violente; je m'en apperçus presqu'aussitôt que je la vis ; eh ! que ne peuvent pas sur un jeune cœur tant de beautés, tant de graces ! l'amour étoit sans doute caché dans ses beaux yeux lorsqu'elle s'offrit à mes regards ; le trait qu'elle me lan-çat pénétra jusqu'au fonds de mon ame. — Du courage , m'écriai - je, fille intéressante ! non, non , je ne vous quitterai pas : permettez que j'essuye ces larmes. Venez , laissez-moi faire, et je réponds de votre ré-conciliation. — Pauline paroît sen-sible à mes transports , mais elle persiste dans son refus , et veut fuir pour toujours la maison maternelle; c'est pour elle un enfer anticipé. Ce-pendant tout en écoutant ses raisons,

je m'acheminois avec elle , et pendant que j'étois occupé à lui prodi-
guer mes soins , et à lui donner
quelques consolations , nous arri-
vâmes à l'entrée d'une petite rue :
elle se jette de nouveau dans mes
bras: de grace, Monsieur, éloignons
nous , c'est ici que demeure ma
mère. — Ici, mon aimable Pauline;
tant mieux ; allons, de la fermeté,
je ferai votre paix ; souvenez-vous
qu'une mère est toujours mère, elle
vous rendra ses bontés : feignez seulement de consentir à ce qu'elle désire , nous gagnerons du tems , et
peu-à-peu nous la déciderons à ne
pas vous sacrifier à un homme que
vous ne pouvez voir. — Enfin après
bien des débats , moitié de force ,
moitié de gré , je la décide ; je frappe
à la porte qu'elle m'indique. — Un
vieux domestique nous ouvre : apper-
cevant Pauline, il lui refuse l'entrée;
allez, mauvais enfant , dit-il d'un
ton à arracher des larmes , allez ,
votre respectable mère ne veut plus

vous voir, vous la ferez mourir de chagrin. — Jacques, voilà monsieur qui va faire ma paix, je ferai toutes les volontés de ma mère. — Hélas ! Monsieur, reprend ce perfide portier, si vous connoissiez madame la comtesse de Grassi, comme elle est bonne ! Allons, allons, mon cher Jacques, lui dis-je, aidez-moi à remettre cette aimable enfant dans les bras de sa mère, Pauline vous en sera éternellement reconnoissante.— Oui, mais que va dire Madame de voir revenir Mademoiselle avec un étranger, un inconnu, un homme enfin. — Aussitôt je me nomme, j'offre de donner d'amples éclaircissemens sur ce que je suis. Je n'eus pas plutôt prononcé mon nom, que le scélérat levant les mains au ciel, s'écrie, en feignant de me connoître. Quoi ! c'est vous, Monsieur, que je suis enchanté de vous voir ! — Comment vous me connoissez, lui dis-je, avec étonnement, et vous ne m'avez jamais vu ? — Cela est vrai, je ne vous ai jamais vu ; mais madame la comtesse ne tarit pas sur les éloges qu'elle entend journellement faire de vous dans les sociétés où elle va ; venez , venez , que vous êtes heureuse, mademoiselle Pauline ! Oh , à présent je réponds de votre réconciliation. — Tout aussitôt sans me laisser le tems de répondre , il nous emmène , nous fait traverser trois petites cours qui se communiquoient les unes aux autres par de longs corridors; ils étoient parfaitement éclairés. Nous arrivons enfin à un petit jardin , au fond duquel étoit une petite maison. Au grand nombre de lumières je jugeai qu'il y avoit grande compagnie. Après avoir passé plusieurs salles magnifiquement décorées , nous fûmes introduits dans un petit salon dont le décor étoit d'une grande élégance. — Jacques nous dit d'attendre un moment , ajoutant qu'il alloit voir madame la comtesse et la préparer à notre entrevue. Je reste avec Pauline qui , avec cet air de douceur, de candeur qui sièd si bien à la vertu, me témoigna d'avance sa gratitude.... J'étois loin de me douter de toute la noirceur de son ame qu'elle cachoit sous les dehors les plus trompeurs ! qui m'eût dit qu'une créature si belle, douée de tous les dons de la nature, étoit aussi perfide, aussi cruelle ! .... Enfin après un quart d'heure, la porte s'ouvre, et je vois venir à moi une femme d'un port majestueux et imposant, elle me tend la main avec grace et m'indique une place sur un sopha. La douceur, la bonté étoient peintes sur son visage.... Quels charmes séducteurs ! Je prise infiniment, Monsieur, me dit-elle, cette occasion qui me procure votre connoissance : depuis long-tems j'avois entendu parler de vous d'une manière si favorable que..... Ici Pauline, sans laisser achever sa mère, se jette à ses pieds, lui demande le retour de sa tendresse, et lui promet de faire tout ce qu'elle désirera. — La comtesse,

comtesse, sans la laisser continuer, l'embrasse avec transport, vas, ma Pauline, je te pardonne, tu reviens sous de trop heureux auspices pour que je n'oublie pas les chagrins que tu m'as donnés. Vas, ma fille, dis à Julie qu'elle répare le désordre où tu es.; nous allons souper, souviens-toi de ne pas brusquer davantage M. Richemont ; c'est, Monsieur, l'époux que je lui destine ; je veux que vous fassiez connoissance avec lui, et vous jugerez alors du bonheur futur de ma Pauline. Pauline étoit déja disparue, que je n'avois pu encore proférer une seule parole. Cette maudite comtesse me permettoit à peine d'ouvrir la bouche, et faisoit elle - même et la réponse et la demande. — Vous me ferez le plaisir de souper avec nous, je l'exige. — Je refusai, j'avois besoin de me retirer, j'étois content, puisque j'étois parvenu à mon but qui étoit la réconciliation de la fille avec la mère. — Mais non, mes excuses ne furent pas reçues : j'alleguai mille et une raisons, rien ne fut écouté, et au milieu de nos débats, Jacques arrive et dit que Madame est attendue dans l'appartement voisin pour l'affaire d'un moment. — Je vous laisse un instant, je suis à vous dans la minute. Aussitôt la comtesse disparoît, la porte se referme et me voilà seul. Il y avoit dix minutes environ que j'attendois, et par désœuvrement, je m'occupois à considérer la richesse de l'appartement. Voulant examiner un tableau qui étoit au-dessus d'une espèce de porte de cabinet, je prends une bougie, je me lève sur la pointe des pieds, je chancèle, et pour ne pas tomber je m'appuie fortement sur la porte ; elle s'ouvre, mais avec un peu de difficulté. Je vois une file d'appartemens, je cède à la curiosité, j'entre, et traverse trois à quatre petites chambres, meublées avec décence, mais sans luxe. Je croyois être à la fin de ma course lorsque j'apperçois dans un coin une te. Elle étoit fermée. Je veux ouvrir, je tâte autour de la serrure, ma main rencontre un petit bouton, j'appuye, et la porte s'ouvre. — Grand Dieu ! quel spectacle horrible se présente à ma vue. Un homme nud, étendu sur une paillasse, je m'approche, je regarde, je n'en crois pas mes yeux ; il avoit la tête coupée, à côté de lui étoit une massue et un large cimeterre encore tout ensanglanté. Je recule d'horreur, je chancèle en voulant fuir, je rentre enfin dans le salon ; tout étoit dans le même ordre, la comtesse n'étoit pas encore revenue ; je prête l'oreille, un morne silence, le silence de la mort m'environne ...... Je crois entendre marcher, j'écoute, mais je n'entends rien, pas même un soupir. J'étois rêveur, je ne savois à quoi me décider, ni quel parti prendre ; quand, tout à coup, mes oreilles sont frappées du cri lugubre de la chouette qui se faisoit entendre dans le lointain. Je sors aussitôt de l'espèce d'anéantissement dans lequel j'étois plongé : un courage surnaturel que donnent le désir de vivre, et l'horreur d'une mort violente, s'empare de tous mes sens. Je cesse de trembler ; décidé à tout, remettant mon sort entre les mains de la providence, j'ouvre doucement la porte par laquelle Jacques m'avoit introduit, je me laisse conduire par le hasard, et j'arrive, je ne sais comment, à la porte de la rue. Je m'approche de la loge de l'infernal portier. — Jacques. — Qui va là ? — Jacques, ouvre moi la porte.—Quoi c'est vous, vous ne restez pas, me répondit-il d'un ton dur.—Pardonnez-moi, je vais remonter ; mais comme madame la comtesse veut que je reste à souper, je vais payer et renvoyer le fiacre qui m'a conduit ici avec mademoiselle Pauline. — Jacques sort de sa loge, et me regarde de près ; heureusement qu'à la foible lueur de sa lampe, il ne distingue pas mon embarras.—Mon-

sieur, vous pouvez remonter, je vais
le payer moi-même. — Un nouveau
saisissement me prend, je vois ma
perte décidée, j'allois lui faire une
réponse qui m'eût peut-être découvert lorsqu'au même instant on frappe à la grande porte. — Jacques
prête l'oreille, ... on frappe de re-
chef, mais d'une façon convenue :
alors on m'oublie, et on ouvre la
porte. Je me mets un peu en arrière,
et je vois entrer deux grands hommes qui étant à moitié ivres, firent
tomber la lampe du portier : la porte
alloit se refermer, — attends donc,
dit l'un d'eux, notre camarade est là
qui va entrer.... Profitant alors du
moment et de l'obscurité, je me coule,
et sors au même instant qu'entroit le
troisième de mes assassins. — Où
va-tu, me dit-il d'un ton terrible,
je ne réponds rien, je me mets à
courir, et minuit trois quarts son-
noient lorsque je rentrai chez moi.

Je ne ferai point ici le tableau de
toutes les diverses sensations que j'é-

K 3

prouvai quand je fus un peu plus calme, et rendu entièrement à moi-même. Cette malheureuse comtesse, qui réellement appartenoit à une illustre maison de Naples, avoit des agens secrets dans les diverses maisons de jeu, et sur - tout dans celle d'où je sortois, comme étant dans son quartier. Si vous étiez heureux, si votre gain en valoit la peine, on vous suivoit, ou l'on vous offroit une voiture, une jeune nymphe vous prioit de lui donner la main, et de la reconduire chez elle, enfin on faisoit si bien que vous alliez chez la comtesse sous quelques vains prétextes, et là étoit votre tombeau.

Je désire que cette terrible avanture serve d'exemple et de préservatif à la jeunesse trop confiante; à l'homme sans expérience qui fréquente trop facilement toutes sortes de maisons, et qui ne voyant que d'après son cœur, se laisse souvent surprendre, et attendrir par ces femmes barbares et atroces, qui abusent

des charmes dont la nature s'est plû
à les orner, les employént à perdre
l'homme assez bon pour les écouter.
Las, fatigué, abattu, le sommeil ne
tarda pas à me soustraire à mes tristes réflexions. — Le lendemain je
me levai de grand matin, et me
transportai sur-le-champ à la police;
j'y fis mon rapport, l'on prit mon
nom, et l'on me promit vengeance,
En me recommandant le secret le
plus inviolable sur cette avanture.
Effectivement le jour même toute
cette abominable maison fut enlevée;
mais j'ai toujours regretté qu'on n'en
n'eût pas fait un exemple public. Des
raisons politiques et d'autres relati-
ves, m'a-t-on dit à l'administration
de la police, avoient nécessité que
cette affaire, et le genre de punition,
restassent ensévelies dans le plus profond secret.

Le lecteur nous saura gré, sans
doute, de lui tracer ici les por-
traits de cette Dame Grassi et de
Pauline sa fille.

La comtesse de Grassi , âgée, à cette époque, de 50 ans, étoit grande, brune, avoit les yeux beaux, vifs et étincelants d'esprit , elle avoit le port noble, la démarche majestueuse, elle paroissoit familière aux usages du grand monde, et faisoit le principal ornement de quelques maisons de jeux qu'elle fréquentoit assiduement. Il étoit impossible à quiconque ne la connoissoit pas de démêler sous ces dehors trompeurs, la perversité de son ame.

Pauline, la digne fille, d'une telle mère, étoit une très-jolie blonde, de 17 a 18 ans, ses yeux bleus exprimoient la volupté et le désir, sa tournure avoit quelque chose de lascif qui dévoiloit son ame à celui qui avoit le loisir et la volonté de l'observer. Elle étoit grande, bienfaite, avoit la gorge belle, elle affectoit l'air doux, honnête, jouoit le sentiment ; mais pour peu qu'on l'observoi , il étoit facile de la deviner.

CHAPITRE XIV.

Amoureux. — Souteneurs de Filles publiques.

Il est d'usage que toute fille publique ait un amoureux, qui, au besoin, prend sa défense envers et contre tous. Elles choisissent ordinairement leur coîffeur, quelques laquais, ou quelques garçons limonadiers. Ces hommes sont assez ordinairement paisibles, et peu dangereux. Mais celles qui ont entièrement levé le masque, et qui, sans honte, se livrent avec la plus grande publicité, au libertinage, ont de ces libertins sans asile, qui ne vivent que d'escroqueries et de maquerelage. Pour ne point gêner le *commerce* impudique de leurs maîtresses, ils s'absentent pendant le jour, rodent de

temps en temps autour de la maison, et y paroissent même, en cas
de besoin, et ne rentrent que pour
les repas, et se coucher. Si elles sont
en *compagnie*, ils passent leur temps
et la nuit, dans les tabagies, les bil-
lards, les tripots, et dans tous ces
mauvais lieux, seuls endroits que
fréquentent ces êtres vils, sans foi,
sans honneur, qui ne respirent que
vols et rapines. Étrangers, jeunes
gens imprudens, méfiez-vous de ces
scélérats, dignes du plus souverain
mépris. Leur souffle est un poison,
et ils portent la peste partout où ils
vont. Confidens infidèles des infor-
tunés qui, de bonne foi, se livrent à
eux ; ils abusent des plus grands secrets ; et, se gorgeant des dépouilles
et du sang des malheureuses victimes
qui tombent sous leurs griffes, ils
veulent encore, en les dépouillant,
avoir l'air de leur rendre service.
Heureusement la police a sans cesse
les yeux ouverts sur eux. Ils s'en
doutent bien, et si chaque jour n'est

signalé par un de leurs crimes, c'est à la vigilance de la police que nous le devons.

Pour mettre le lecteur à même de juger de la turpitude de ces êtres pervers, nous allons lui offrir le code informe de leur association. Il n'est que le fragment d'un ouvrage plus considérable, que des raisons impérieuses nous empêchent de publier en entier. Il est inutile de témoigner ici combien nous avons d'horreur pour de semblables maximes, et de dire que, si nous les publions, c'est que nous sommes convaincus que le moyen le plus sûr d'anéantir le poison qu'il renferme, c'est de l'indiquer. L'ennemi caché est l'ennemi le plus dangereux ; dès qu'il est connu, dès que ses principes et ses piéges sont découverts, il n'est plus à craindre.

CHAPITRE XV.

Code d'escroqueries et de roueries, rédigé par le nommé George soureneur de Filles publiques à Paris.

Amour.

L'Amour ne doit être qu'un amusement badin, un goût passager, épuré des fadeurs du sentiment et des ridicules de la constance. Ses chaînes ne doivent être tissues que de fleurs légères, formées par les mains du plaisir, et brisées par celles de l'inconstance. Si, par malheur, vous en faites une affaire sérieuse, il vous occupe, et tout ce qui occupe, est bien près d'ennuyer, s'il n'ennuie pas déjà. Quoi, en effet, de plus fade, de plus

insipide,

insipide, que cet embarras si touchant, qui précède une déclaration, et ces momens qui la suivent ? Hélas ! les instans que l'on donne aux rigueurs, sont autant de perdu pour les plaisirs. Laissons de côté ce qu'aime le vulgaire, les petits soins.... offrons-les le premier jour, qu'ils soient reçus le second, récompensés le troisième, et sur-tout oubliés à jamais réciproquement le quatrième, sans qu'il ne soit pas question, de reproches d'infidélité. Si la prétendue délicatesse s'en trouve mécontente, souvenons-nous que la commodité au moins nous en dédommage amplement. L'amour est rarement un sentiment profond, mais un prétexte d'avoir et de donner le plaisir. La femme qui vend ses charmes ne livre presque jamais son cœur. Il est une classe d'êtres féminins chez lesquels il faut chercher seulement la beauté, l'amusement, et les sensations voluptueuses. Lorsqu'on fait profession d'obéir à ses sens, à ses caprices, le goût de la nouveauté suffit seul pour faire une infidelle; ainsi, point de gène. La vertu n'est jamais plus cérémonieuse que quand on lui donne le temps de l'être. N'est-il pas en effet ridicule d'obliger une femme à refuser ce qu'elle offriroit d'elle - même, si on ne s'avisoit pas de le lui demander. Une jolie femme ne pardonnera de sa vie une telle mal-adresse. Au surplus, il vaut mieux qu'on nous accorde avant que l'on nous connoisse, car autrement, nous courrerions toujours grand risque qu'on ne nous accorde rien.

Actrices, et Danseuses.

UNE actrice ou une danseuse est bonne à connoître, quand elle est, comme cela arrive, très - souvent, belle et sans talent. Il faut, sans lui avoir fait aucune déclaration, rompre des lances pour elle, dans les tables d'hôte, aux cafés, dans les cercles, et sur-tout au foyer du spectacle où elle est attachée. Ce zèle lui parvient, et la médiocrité ayant besoin d'appui, elle vous fait rechercher. L'occasion est trop favorable pour n'être pas saisie, vous y courez, un bras en écharpe, parce que vous devez lui persuader que vous vous êtes battu contre l'amant d'une autre actrice qui est sa rivale. Votre situation, dont vous glissez un mot dans la conversation, la touche d'autant plus que vous ne lui faites aucune proposition tendre. Elle vous offre des secours, et si l'amant qui l'entretient n'est pas homme à l'enrichir dans peu, vous lui procurez un jeune Hollandois, un mylord à guinées, un Américain embarrassé de sa fortune, ou un vieux financier, et vous prenez, suivant l'usage, dix pour cent par mois, sur la somme que le monsieur paie, pour avoir l'honneur de présenter ses hommages à la belle dont il a les faveurs.

Repas , Festins.

Un homme qui aspire à la connoissance du monde , doit conserver son sang - froid dans toutes les occasions , et sur - tout quand il doit entrer en commerce avec le beau sexe. Il est important qu'il s'attache au goût d'une femme qu'il veut captiver, et dont il recherche les faveurs. Il doit essayer dans un repas tête-à-tête si le vin la rend tendre , et c'est assez l'ordinaire : alors en homme adroit, il doit lui faire perdre insensiblement la raison. Une femme dans cet état ne refuse rien de tout ce qu'on lui demande : ce qu'elle a accordé par déraison ; le lendemain elle croit qu'elle l'a donné de bonne volonté.

Jalousie.

Quand un homme est parvenu à rendre une femme folle de lui , et qu'il l'a soutirée au *caramel* (terme de rouerie), il doit s'en éloigner ; mais pour se conserver une réputation d'honnêteté auprès des autres femmes, il faut qu'il mette de la décence dans ses procédés, et que jouant le jaloux, il attribue le moindre geste, la phrase la plus indifférente, la promenade la moins suspecte, le compliment le plus trivial, à un esprit de coqueterie qui cherche un nouvel amant. On veut s'excuser, il n'écoute rien, il l'emporte, et s'éloigne en feignant de pleurer son malheur, et de regretter celle qu'il abandonne. Il faut observer cependant que s'il survient une succession ou quelqu'avantage inattendu à la femme qu'on quitte, on renouera avec elle, en venant aux explications, qui toujours se terminent par un raccommodement.

Lettres, Billets, Correspondance.

Aussitôt que l'on est parvenu à

mériter ou à surprendre les faveurs d'une femme, il faut s'assurer d'elle, et des moyens de la déshonorer en cas qu'elle ne paye pas le tribut. Pour remplir ce plan avec succès il suffira de lui écrire des lettres tendres et pleines de confiance; son esprit flatté échauffera son cœur, et elle répondra de façon à avouer sa honte et sa défaite. Ces lettres deviennent alors un titre avec lequel on la perd dans le monde, quand on n'en espère pas tout le bien qu'elle pourroit faire.

Grand monde, Cercle, Société.

Le monde est un labyrinthe d'où l'on ne peut se tirer qu'avec le fil d'*Arianne;* il faut donc que celui qui aspire à jouer un rôle dans les cercles, dans la société, sorte de l'enveloppe grossière où l'ignorance, et le défaut d'éducation le tiennent enséveli, et que connoissant les usages il puisse résister au manège des femmes intéressées, et conduire dans ses filets, celles qui payent par excès de tempérament, ou par défaut d'appas, il doit briller aux dépens de ces douairières sexagénaires qui veulent se rappeller leur jeune âge, et les plaisirs qui y étoient attachés. Pour attirer une femme intéressée dans le piége, il faut l'aborder avec l'air insolent de l'opulence, lui persuader qu'on n'a pour elle qu'une fantaisie, qu'on veut satisfaire aux dépens de sa bourse, montrer de l'or, faire des promesses, jouir et partir. Comme ces créatures ne veulent pas passer pour dupes dans la crainte d'être rayées dans le catalogue, elles se taisent et on va en tromper d'autres. Celles qui joignent la laideur au tempérament méritent des efforts et des égards à la première entrevue. Comme ces préceptes sont la quintessence de l'esprit du monde on prie les *Candidats* d'apporter la plus grande attention à ce qui suit.

Efforts, Egards.

Les efforts consistent à dompter la répugnance que la figure de l'objet auquel on se lie, peut inspirer. Ce dégoût surmonté, il faut jouer le galant, l'empressé, ne point penser à *t*out ce qui peut révolter et diviser, même les imperfections de la nature. Il arrive presque toujours qu'une femme qui est dans ce cas, doute qu'un joli homme puisse penser ainsi. Elle vous accuse de flatterie ; c'est alors que ranimant toute votre ardeur : vous devez lui prouver par des déclarations réitérées que vous êtes sincère. Cette première espérance lui donne une bonne idée d'elle-même sur votre sincérité ; l'objet unique est de la maintenir dans cette erreur pendant quelques jours, et le meilleur moyen d'y parvenir est d'employer ce que nous appellons les *égards*, c'est-à-dire, qu'il faut montrer du désintéressement,

de la délicatesse et beaucoup de tendresse. On peut seulement se per-
mettre quelques déclamations contre
la dureté des tems , l'avarice des parens , ou contre l'odieuse économie
des tuteurs. Ces propos glissés avec
art trouvent leur place à la seconde
entrevue, et la voluptueuse Bégueule
est ruinée par gradation sans espoir
de ressources.

Surannées et vieilles Douairières.

On doit observer à peu de chose
près la même marche avec les surannées et les vieilles douairières, presque toutes ressemblent à cette éter-
nelle Marquise , âgée de 66 ans , et
qui cherche encore dans les allées
secrètes du Luxembourg des jeunes
gens à qui elle donne un louis
pour la première conversation, deux
pour la seconde , quatre pour la troisième , huit pour la quatrième et toujours en doublant ainsi. Parlez avec
les femmes de cette trempe autant

que vous le pouvez , sans toutesfois gagner une extinction de voix , et dès que vous vous appercevrez que vos discours les ont jettées dans cette ivresse libertine qui les met hors d'elles - mêmes , suivez avec art la conduite de Bardois , cet aimable *roué* que l'on voit sans cesse donnant le bras à toutes ces vieilles comtesses et à ces marquises surannées. Je le connois , il est expert en *roueries* , il ne manque pas de talens , personne n'est plus habile que lui à tromper les femmes ; il sait adroitement presser l'éponge , et depuis qu'il est avec elles , ses revenus sont augmentés de plus de trois quarts. Des présens de ses vieilles il satisfait toutes ses passions et ses caprices : il achète une maîtresse adorable , celle - ci ambitionne honnêtement un jeune officier , et ce dernier en a encore une en sous ordre, c'est un ricochet d'amour assez plaisant , tous les biens coulent de la même source , et nos douairières ne croient pas faire tant d'heureux à la fois.

Montre.

Un homme qui est versé dans la science délicate du monde, doit se former en peu de tems une boutique d'horlogerie assez considérable, et pour cet effet il doit observer de ne jamais venir à l'heure indiquée au rendez-vous d'une femme qu'il a subjuguée. La prudence veut qu'il arrive toujours avant ou après. Avant, il feint d'avoir beaucoup attendu et part; après, l'heure propice est passée, et les plaisirs qu'on se promettoit sont perdus. On vient l'après-midi ou le soir, la dame éclate, on s'excuse sur l'horloge de son quartier, on entend ce que cela veut dire, et on dit à l'amant, auquel on présente une montre; ah! nous verrons si vous serez plus exact une autre fois. Ce manége souvent répété avec l'un, avec l'autre, meuble bien vîte la boutique, et entretient le commerce avec l'étranger.

Prison.

Il y a des femmes qui ne s'exécutant qu'à la dernière extrémité, ne soulagent un homme que quand elles sont convaincues que l'on a un besoin pressant de leurs secours, faute desquels elles vous perdent. La passion ou le tempérament faisant alors taire l'intérêt, elles vous aident, mais elles veulent être persuadées. Les propos ne font rien, il ne suffit pas même de supposer une retraite dans la crainte d'être poursuivi pour dettes. Ces femmes tenaces comptant mieux jouir de vous, disent que vous agissez prudemment, et viennent dans le secret vous tenir compagnie. Que faut-il donc faire ? recourir à l'émétique, c'est-à-dire, faire un billet à un marchand qui veut vous obliger, parce que ce service ne lui coûte rien ; l'engager à vous poursuivre,

suivre „ et à obtenir une sentence
qu'il met à exécution, en vous faisant
arrêter. L'affaire éclate , votre maîtresse en est informée , et comme
elle a besoin de vous , et que la décence ne veut pas qu'elle se compro
mette en allant respirer la volupté
sur le grabat d'un prisonnier : ce moment la décide , sa bourse s'ouvre ,
et vous jouissez de la liberté et du
fruit de votre industrie.

Portrait de George.

George est un gros garçon , âgé
de 26 ans. Né à Caen il vint fort
jeune à Paris , où il fut d'abord garçon perruquier : s'étant mis au service d'un des fameux roués de Paris,
il acquit sous ce maître expérimenté
toute la théorie et la pratique nécessaire pour courir la même carrière.
Il a la figure telle que le désirent
les femmes dans les hommes de cette
espèce : trapu , large d'épaule , la
barbe , les cheveux et les sourcils

noirs et très-fournis , il est nerveux et fort , son œil grand et bien fendu est doux ou hagard à volonté , il a le front large , le menton rond , il porte une large balafre sur la joue droite , sa taille est de cinq pieds , elle est bien prise dans toutes ses parties. Il est spirituel, fin, adroit , et très - dangereux pour les jeunes gens et les étrangers qui se livrent à lui , il est la terreur de ses confrères et des filles de joie , près desquelles il est toujours sûr de trouver asyle. Il n'a pas de maîtresse en titre , il préfère sa liberté à cette espèce d'es-clavage , il ne vit que de filouterie et d'escroquerie.

Se trouvant compromis dans une affaire de son genre , il jugea à pro-pos de quitter Paris et de voyager en Flandres , il s'associa un *compère*, ils convinrent que George seroit le mar-quis de Pointoy et son ami le valet-de - chambre ; ils se rendirent à Bru-xelles où ils eurent l'art de faire beaucoup de dupes , tant parmi les

femmes que parmi les hommes , enfin lorsque ce misérable apprit par
ses correspondans de Paris qu'il pouvoit , sans risques , reparoître dans
cette ville , il acheta beaucoup de
marchandises à crédit , emprunta
beaucoup d'argent et disparut un
beau jour , emportant tout et ne
payant rien.

M 2

CHAPITRE XVI.

Histoire de Fanchonette, contenant le détail de ce qui se pratique à l'arrestation des Filles publiques. — Description du dépôt de Saint-Martin ; ce que c'étoit que cette prison. — Jugement prononcé par le Lieutenant de police. — Translation à l'Hôpital. — Description de cette maison de correction, et des travaux auxquels sont occupées les filles qui y sont renfermées. — Histoire de Julie.

Portrait de Fanchonette.

FANCHONETTE est une brune, ayant de très beaux yeux et la gorge belle :

bouche là fraîche, mais un peu grande, et sa peau, quoique rembrunie, est d'un beau piquant, elle est petite, mais bien tournée : elle à la jambe divine, son caractère est doux et gai, elle a de l'esprit, et passe pour avoir de la délicatesse.

Histoire de Fanchonette et de Julie.

Je suis née dans un petit village près de Dijon ; mon père jouissoit d'une aisance honnête. Quinze jours après ma naissance, ma mère mourut des suites de ses couches. Quel embarras pour un père qui n'avoit jamais eu d'autres soins que celui de faire valoir son bien ! il fut accablé de la perte qu'il venoit de faire. Il la pleura long-tems, et l'on eût craint pour ses jours, si la raison ne fut venue calmer les excès de sa juste douleur. Mon père prit le plus grand soin pour me faire élever, mais il eut le malheur, huit ans après la mort de ma mère, de perdre en

M 3

partie tout son bien. Quelques amis qu'il avoit à Paris, touchés de sa situation, luî procurèrent un petit emploi de 1500 francs avec lesquels il tâcha d'achever mon éducation. Nous étions heureux et contens, et nous eussions long-tems mené cette vie douce et agréable, si mon père ne se fut amouraché d'une jeune veuve avec laquelle il se maria. C'est à cette époque que commence l'histoire de mes infortunes. Jamais mariage ne fut plus mal assorti, mon père étoit la bonté même, et sa femme méchante et acariâtre à l'excès. Je fus à la discrétion de cette marâtre jusqu'à l'âge de seize ans. Cette femme étoit intraitable, et mon père avoit pour elle un foible extraordinaire. Que n'eus-je pas à souffrir ? Si j'ai donné dans le libertinage, c'est elle seule qui en fut la cause. Ne pouvant plus résister aux mauvais traitemens que j'endurois, je quittai la maison paternelle. J'en sortis le désespoir dans le cœur et fondant toute en larmes.

Ne sachant où aller, j'errai long-tems dans la rue; je ne m'étois jamais trouvée dans un tel embarras. Que devenir à l'approche de la nuit? Où aller? J'avois faim, et je n'avois rien à manger : je me sentois assez de force et de résolution pour passer la nuit dans cet état, mais lorsque, pour la première fois depuis notre évasion, je portai ma pensée vers l'avenir, lorsque je songeois seulement au lendemain, tout mon courage étoit près de m'abandonner. J'étois livrée aux plus tristes réflecxions lorsque sur les minuit je fus accostée par une vieille femme qui jugeant de mon embarras à mes reponses, me proposa de la suivre : nous marchâmes long-tems : arrivées enfin dans la rue St. Martin, elle m'introduisit dans un appartement qui étoit habité par une dame de moyenne taille, très-bien faite, qui aussitôt qu'elle me vit vanta mes charmes et ma tournure. L'on me fit passer dans une chambre voisine, où l'on me dépouilla de mes habits simples, et l'on m'en remît de magnifiques : je ne comprenois rien à tout ce jeu, j'avois beau m'en demander le pourquoi, c'étoit toujours chose nouvelle pour moi. Que ces gens, me disois-je, sont obligeans ! avec quelle générosité ils s'empressent de subvenir à mes plus urgens besoins ! Quelles attentions ! que de petits soins. Après avoir soupé, je passai la nuit dans un lit délicieux : le lendemain matin, j'apperçus beaucoup d'allées et de venues de personnes de tout état ; je les prenois pour des amis de la maison, et les demoiselles qui vivoient avec moi pour les filles de la maitresse. Mais je fus bientôt détrompée, et je ne vis que trop-tôt que l'on vouloit m'amadouer, et me conduire insensiblement où l'on souhaitoit. Que de reproches ne fis-je pas à la vieille, lorsque je connus toute la perfidie de ses intentions ! que de répugnance je lui témoignai ! Sans s'embarrasser de mes plaintes, elle me laissa livrée à mes réflexions. J'y étois encore plongée, quand il entra tout-à-coup dans ma chambre un gros marchand de vin. A sa vue, je redouble mes larmes, et lui crie, d'aussi loin que je l'aperçois : Ne venez point, Monsieur, couvrir de honte une infortunée que l'on a trompée, et que son malheur a conduite dans ce lieu infâme. Cet homme grossier, qui ne venoit-là que par libertinage, se rioit de ma désolation, il s'approcha de moi, voulut me saisir par le milieu du corps. Comme je me défendois beaucoup, il appela à son secours l'indigne matrone qui m'avoit livrée dans ses mains. J'eus beau crier, beau me débattre, le butor parvint à son but. Il sortit victorieux, et ne me laissa que la ressource de le charger d'injures. Ma résistance fut un crime trop énorme aux yeux de la mère-abbesse, pour ne point mériter selon elle quelque punition ; aussi fus-je condamnée à toutes sortes de petites privations, ce qui dura jusqu'au moment que je consentis à recevoir ses pratiques avec complaisance. Cependant, ennuyée de la gêne où l'on me retenoit, et ayant trouvé une occasion favorable pour m'échapper, je sortis de grand matin de cette horrible maison. Maîtresse de moi-même, j'aurois bien pu suivre un tout autre plan de vie, mais le premier pas étoit franchi. Cette horreur que j'avois eue d'abord pour le libertinage se dissipa, et je crus n'apercevoir rien de condamnable en moi. Je me familiarisai avec le métier, et je ne tardai pas à en devenir l'héroïne. Je fus le même soir chez la *Montigny*, rue du Ponceau. Ce fut-là, qu'ayant perdu entièrement toute pudeur, je m'adonnai au plus grand libertinage, tâchant même de renchérir sur mes compagnes. Je devins fameuse ; bientôt on ne parla plus que de Fanchonnette, et tout le monde vouloit avoir part à mes faveurs. Un président, déjà sur le retour, se présenta, et me proposa à souper. Le repas fut simple, mais délicat ; nous y bûmes en abondance, de plusieurs sortes d'excellens vins ; et le président, à force de boire, fit comme le bon-homme Silene, il s'endormit sur l'ouvrage.

Le président sortit, et je passai avec un prélat petit maître qui cachoit sa dignité sous un habit d'écarlate galonné en or. Monseigneur copioit au mieux le militaire. Il s'escrime à me persuader qu'il sent naître en lui quelque sentiment pour moi ; tout-à-coup il oublie sa passion, me parle de ses chiens et de ses prétendues campagnes. Un instant après il me jure qu'il m'adore, frédonne quelques airs nouveaux, pirouette sur le talon et finit par venir au fait. Quelque soin qu'avoit eu Monseigneur de se cacher je le reconnus, je le lui dis, et lui témoignai ma surprise, de le voir chez moi : au lieu de cette confusion que je me serois attendu à voir en lui, je fus surprise de sa contenance. Nous ne sommes pas des bronze, mon bel enfant, me dit - il, nous sommes des hommes tout comme les autres, sujets aux mêmes velléités sans que notre robe puisse les amortir ; en recevant la tonsure, je n'ai pas abjuré la nature. C'est une injustice criante que de vouloir nous rendre plus coupables que le reste des hommes. . . . . Tous ces beaux discours ne faisant point mon affaire, je lui tirai une grande révérence et repassai auprès de mes compagnes.

Instruite que mes parens me faisoient chercher, et qu'ils avoient même découvert le lieu de ma demeure, je quittai au plus vîte le quartier, et m'en fus chez madame Lamotte, rue St. Martin, où je ne restai que trois jours étant toujours dans l'appréhension d'être arrêté. Dès le second jour de mon arrivée, j'y reconnus un exempt de police et un commissaire déguisés. Mon petit air plût d'abord à l'exempt et àces messieurs qui oubliant à l'instant ce dont ils étoient chargés, s'occupèrent de tout autre affaire. L'exempt indiscret m'avoua la commission qu'il avoit : je rougis, je pâlis, mais bientôt revenue à moi, je les payai d'effronterie, et m'étant absentée sous prétexte de leur chercher des rafraîchissemens, je sortis de la chambre et tout aussitôt de la maison : un fiacre se présente à propos, je m'y jette à corps perdu, et me fais conduire chez la Henriette de Poissy, rue du Pélican. Tout respiroit chez elle un air de propreté. Madame de Poissy étoit une bonne femme, et bien achalandée. Tous les jours ses richesses augmentoient, elle étoit loin de s'attendre qu'on dût bientôt l'arrêter. En effet deux jours après mon entrée chez elle, sa maison fut investie de toutes parts, vers quatre heures du matin. Deux exempts de police, suivis d'un commissaire firent les plus strictes perquisitions ; on verbalisa, et il fut décidé que tout

le sérail seroit conduit à St. Martin.
Ce fut alors que je connus toute l'horreur de mon métier. Je fondois en
larmes , je m'arrachois les cheveux,
je levois les mains au ciel qui étoit
sourd à ma voix, mes lèvres pâlirent,
une sueur froide s'empara de tout
mon corps, mes jambes ne purent
plus me soutenir , et je tombai en
défaillance. Ce fut dans cet état que
je fus mise dans un fiacre et conduite
au dépôt de St. Martin. Je ne revins
à moi qu'au moment où les verroux
se fermoient sur nous , je jettai alors
un cri épouvantable qui eût attendri
les cœurs les plus durs; mais nos gar-
diens n'étoient pas hommes à se laisser toucher par les hauts cris d'une
catin.

Quatre vieux murs chargés d'a-
raignées et décrépis par le temps ;
éclairés par une petite fenêtre char-
gée de grilles ; quelques mauvaises
planches, que couvroit un méchant
matelat , des draps grossiers , une
couverture de laine remplie de ver-

mine, tel fut notre gîte pendant six semaines. Quel changement subit ! passer de la molesse à une vie dure et désagréable, j'eusse cent fois attenté à mes jours si la raison ne m'en eût empêché. Quelle nuit, que la première que je passai ! mille idées affligeantes se présentoient tour - à - tour à mon imagination ; tremblante, je n'osois donner cours à ma douleur ; je retenois autant que je pouvois mes soupirs en fermant mes yeux, et je ne les rouvrois que pour donner cours à mes larmes. Le jour paroissoit à peine que courant vers cette espèce de soupirail qui éclairoit notre chambre, j'oubliai un peu ma douleur pour me repaître du plus triste et du plus comique spectacle qu'on puisse voir.

St. Martin est une de ces prisons destinées uniquement pour les filles prostituées. elles y sont sous la garde d'un concierge et d'un guichetier. Six chambres et deux espèces d'écuries, qu'on appelle communément corps-de-garde , attenans à une cour, composent cette affreuse demeure. On est là comme par-tout ailleurs : a-t-on de l'argent on est passablement bien ; n'en a-t-on pas, l'on est dans des espèces de cachots, réduit à coucher dans des auges sur une paille puante, n'ayant pour nourriture qu'une livre de mauvais pain par jour, et de la soupe une fois par semaine. C'est à l'ouverture de ces lieux que je fus fort étonnée du nombre prodigieux de filles et de femmes qu'ils renfermoient. Rien n'étoit si risible que de voir les unes à demi parées, (c'étoient les arrivantes) les autres toutes échevelées; celles-ci avec une chemise leur tombant sur les talons, et celles-là pieds nuds, ayant un jupon tout en lambeaux. Les unes chantant, riant, les autres pleurant, s'arrachant les cheveux et maudissant le jour de leur naissance. — J'admirois la bisarrerie de ces differens caractères. Réfléchissant sur l'état de ces misérables, la pitié l'emportant tout - à-coup sur un mouvement de curiosité, mes yeux ne purent long-temps en supporter la vue. J'eus peine à me figurer comment l'on pouvoit être gaie dans ces lieux. Quelque insensible que peut être un cœur je ne pouvois m'imaginer qu'on pût être joyeux au sein du malheur et de l'infortune. Six semaines que je passai dans cette prison, me parurent six années.

Laissons un instant la malheureuse Fanchonette absorbée dans ses réflexions tardives qui ne la convertiront pas plus que ses compagnes, et offrons à nos lecteurs un autre tableau bien plus énergique de cette même prison, ainsi que de l'hôpital-général, il est tiré d'un recueil de lettres assez estimées, et qui parurent en 1785.

L'auteur fait parler une jeune fille que l'on a arrachée des bras de son amant, pour la conduire à Saint-Martin. « Je ne vous peindrai point

N 3

» en détail , dit cette fille, cette pri-
» son consacrée aux femmes de mau-
» vaise vie , séjour aussi horrible
» que dégoûtant. Il suffira de vous
» la représenter comme une sentine
» de tous les vices , le théâtre de tou-
» tes les impudicités , où se débitent
» toutes les ordures , toutes les gros-
» siéretés , tous les juremens , tous
» les blasphêmes de la débauche la
» plus crapuleuse , et , par fois , la
» plus énergique. Heureusement ce
» n'est qu'un dépôt ou lieu de pas-
» sage , pour aller à ce que nous
» appellons *La grande maison*, c'est
» à - dire , l'hôpital - général..... Ce
» lieu de correction, tout aussi abo-
» minable que le premier , ne seroit
» pas moins susceptible de corrup-
» tion et au physique et au moral ,
» si , d'une part , il n'étoit pas vaste
» et plus aéré, et si , de l'autre, un
» ministre patriote (Malesherbes)
» n'avoit imaginé d'appliquer au
» travail tant de mains criminelles,
» et en préservant de l'oisiveté ces

» malheureuses captives, de faire
» tourner à l'avantage commun,
» leur punition. Le lieutenant - gé-
» néral de police actuel, a perfec-
» tionné ce plan que M. Malesher-
» bes n'avoit pu qu'ébaucher, et les
» salles immenses de l'hôpital, dont
» l'air pestilentiel eut autrefois cor-
» rompu la vertu la plus pure, si
» elle y fut entrée, sont devenues
» des laboratoires, si non édifiants
» du moins utiles. Au reste, comme
» j'étois grosse, ainsi que j'en fis la
» déclaration qu'il fut aisé de vérifier,
» on me mit dans un quartier sé-
» paré ; j'y fus traitée fort douce-
» ment, j'y accouchai, l'on me soi-
» gna très - bien jusqu'à mon par-
» fait rétablissement, et l'on me ren-
» voya. »

Ce tableau diffère de celui que nous donne la Fanchonette. Celui qui suit, tiré d'un autre ouvrage, en diffère aussi ; ce qui provient sans doute de la différence de temps où ces héroïnes ont écrit.

« Il y a ordinairement cinq ou six cens filles à l'hôpital, elles se succèdent et se remplacent l'une l'autre; mais toujours plus effrontées, suivant qu'elles comptent plus d'années d'hôpital. Ce lieu semble anéantir toute pudeur et même tout amour-propre, et l'on doit attribuer à la communication des malheureuses enfermées et pressées dans un même lieu, cet excès de dépravation, qui prouve que l'homme a la malheureuse faculté de se ravaler au-dessous de la brute ».

« Qand ces récluses ont à se plaindre de la nourriture ou de quelques mauvais traitemens, elles organisent une *révolte*. La conjuration vole de bouche en bonche, or en quoi consiste cette *révolte* ? à pousser toutes, au même moment et à un signal indiqué, des cris épouvantables. Ces explosions de poitrine qui forment des cris aigus et prolongés se répètent par intervalles, dans le jour,

dans la nuit et toujours à l'improviste. La première fois qu'on entend
cette vocifération, on en est saisi,
le bruit retentit à plus d'une lieue, les
menaces, le châtiment n'y font rien,
et cette révolte de poitrine ne finit
que lorsque le tort dont on s'est plaint
est réparé ». Revenons à la Fanchonette, laissons la reprendre son récit.
Parmi les dix filles qui composoient
notre chambrée j'en distinguai une à
laquelle je m'attachai particulière-
ment. C'étoit une fille grande, bien
faite, dont l'humeur me parut douce,
et devoir convenir à mon caractère:
nos plus chers amusemens étoient de
nous raconter nos aventures, et les
différens événemens de notre vie.
J'appris les miens à Julie, et elle
me raconta les siens en ces termes.

J'avois à peine seize ans que je fus
séduite par un de nos voisins. Six
mois après je me trouvai enceinte,
je quittai alors la maison paternelle;
vous connoissez Paris, jeune et jolie, je fus bientôt recherchée de
toutes les mères-abbesses. Ma situa-

tion qui auroit dû les éloigner de me prendre chez elles , sembla au contraire me faire rechercher. J'entrai chez la dame *Hecquet* , tenant un sérail rue d'Orléans. A couvert des mauvais traitemens de ma famille , mon premier soin fut d'instruire mon amoureux que j'étois à la veille d'être mère. Mais l'ingrat qui m'avoit déjà oubliée, se rit sans doute de ma peine, je ne reçus aucune réponse. Peu de temps après j'accouchai d'un beau garçon , qui , heureusement pour lui, ne vécut que huit jours. Parmi les habitués du sérail j'en distinguai un qui fit bientôt ma conquête. Jusqu'alors j'avois eu une infinité d'adorateurs que j'avois vus sans aimer ; mais il n'en fut pas de même du jeune Breville , le voir et l'aimer fut pour moi la même chose. La gêne où l'on est dans ces sortes de maisons ne me permettaut pas de me donner à mon amant autant que je le désirois, je pris, dès ce jour, la résolution d'en sortir; ce que j'effectuai dès le

soir même: aidée de quelqu'argent que
me donna Bréville , je me mis chez
moi, et tous les soirs j'allois au spectacle , où chaque fois je faisois et ra-
menois quelques bonnes connoissan-
ces. Un jour étant au Wauxhall, je
rencontrai un grand homme , qui ,
quoique bien fait, me parut hideux ;
on lisoit dans ses yeux une ame vile
et basse; il m'aborde, me fait sa déclaration , je la rejette avec dédain ;
je fuis , et me débarrasse de lui , en
me perdant dans la foule. Mais son
premier soin en arrivant chez lui fut
de prendre des mesures pour découvrir ma demeure. Quelle fut ma surprise quand je le vis entrer le lendemain matin chez moi ! Il mit tout
en usage pour en venir à ses fins ;
mais sa figure m'inspiroit tant de
dégoût et d'horreur , je sentois en le
voyant une antipathie si repoussante
que malgré tous ses efforts il ne put
obtenir, de gré ni de force, la moindre faveur. Un tel refus ne pouvoit
que l'indigner, aussi dès ce moment

jura-t-il de s'en venger. Je connoissois déjà par oui-dire jusques où pouvoit aller la haine d'un homme dédaigné par une fille de ma sorte, je savois que celui que j'outrageois avoit du pouvoir, en conséquence je délogai et changai de quartier ; mais précaution inutile ! trois jours après revenant des Italiens , je fus arrêtée en entrant chez moi, et conduite ici où vous me voyez.

Julie accompagnoit son récit de larmes , et je m'apperçus que chaque fois qu'elle nommoit son amant ses sanglots augmentoient. Je tâchai de calmer ses peines, d'adoucir son chagrin , et chaque jour on nous voyoit pleurer amèrement l'une et l'autre.

Le moment enfin arriva, où l'on nous retira de cette horrible maison, mais pour nous conduire dans une plus affreuse encore. On nous charge pêle-mêle sur des charrettes, et l'on nous mène ainsi au grand-châtelet, au milieu des huées d'une populace attroupée. A ses vociférations ;

tions, mon cœur se trouble, la confusion se répand sur mon front, et je verse un torrent de larmes. Mais bientôt, fa[illegible]t un effort sur moi-même, je mé[illegible]se toutes ces clameurs insultantes, pour ne m'occuper que de la malheureuse Julie. Sa tête étoit penchée sur mon sein; ses yeux noyés de larmes, sa bouche fermée, on entendoit grincer ses dents; ses mains arrachoient impitoyablement ses cheveux. J'appelle envain Julie; plongée dans une espèce de délire, elle ne m'entend pas. Son désespoir augmente, sa situation attendrit tout le monde. On arrête, on suspend un instant notre marche; les huées cessent; enfin, nous arrivons au Châtelet. Le bruit des verroux se fait déjà entendre, les portes s'ouvrent, et, un instant après, se referment sur nous. L'horreur me saisit, en entrant dans ce lieu de désespoir; et, quelque désagréable que fût le séjour de Saint-Martin, je commençai à le regretter. L'on

TOME I.O

nous jonche quelques brins de paille sur le pavé, et l'on nous apporte quelques sceaux d'une eau corrompue. C'est-là que l'avarice des guichetiers s'étudie et trouve les moyens de profiter de notre infortune, ne craignant point de commettre journellement des concussions dans le sein même de la justice. Barbares, sans pitié, notre malheur les touchoit peu, et leur férocité alloit souvent jusqu'à lancer sur nous leurs chiens, qui mettoient nos vêtemens et lambeaux.

Deux jours après arriva le moment fatal, où notre sort alloit être décidé. L'on nous introduit dans une grande salle, ouverte à tous ceux qui veulent être témoins de notre jugement. La brutalité des gardes qui nous conduisent ne le céde en rien à celle des guichetiers. Le lieutenant de police arrive, l'on écarte la foule, un grand fauteuil lui sert de tribunal, un commissaire est à sa droite, des exempts à sa gauche, et nous autres pauvres malheureuses à genoux en attendant notre arrêt. On prononce notre sentence, nous eumes toutes le même sort, nous fumes condamnées à quatre mois de réclusion à l'Hôpital.

Le lendemain à peine est-il jour que nous sommes tirées de cette horrible prison, l'on nous entasse sur des charettes, et c'est ainsi qu'on nous conduit à l'hôpital; à notre arrivée l'on nous dépouille de nos vêtemens, l'on nous revêt d'un habit de bure, on nous chausse des bas de la même étoffe et des sabots. Au lieu de cet horreur dont j'avois été saisie à l'aspect de St. Martin et du Châtelet, j'envisageai l'hôpital sous un point de vue plus agréable. Loin de cette mal - propreté qui soulevoit le cœur dans mes deux premières prisons, je ne voyois ici que propreté et bon ordre. Un silence, qui n'étoit interrompu que par la prière, rendoit l'esprit à lui - même, et n'étant distrait que par quelques travaux ma-

nuels, on pouvoit aisément philoso-
pher sur les vicissitudes de la vie.
Le corps qui se fait, à la suite des
temps, habitude des choses les plus
pénibles, s'accoutuma bientôt au ré-
gime de la maison : cette uniformité
me plût, je commençai à prendre
goût pour la sollitude, et je ne me
trouvois jamais mieux que quand je
pouvois être seule. Ce fut alors que je
pris la résolution de renoncer au
monde, ce qui ne dura qu'autant
que mes yeux furent frappés d'objets
pieux. Je ne tardai pas à être dans
les bonnes graces de la sous-prieure
qui eut mille complaisances pour
moi. Rien ne me faisoit de la peine ;
je fus toujours levée la première,
quoiqu'en hiver on se leva comme
en été à quatre heures du matin. Le
travail avoit de l'agrément pour
moi, et loin de murmurer de la tâ-
che qu'on nous donnoit je tâchois
d'en faire plus que les autres. La
pauvre Julie, d'un caractère plus
vif, plus pétulent, s'accommoda peu

de ce train de vie. Son humeur hau-
taine eut peine à fléchir ; et j'eus le
désagrément de la voir souvent passer par punition de la correction au
commun. On appelle le *commun* une
grande salle où sont renfermées les
plus mauvais sujets, et celles qui
ne veulent point remplir aucune des
tâches qui leur sont imposées dans les
salles de correction, où l'on est occupé les unes à filer, tricoter, les autres à coudre, à faire des chemises,
enfin à toutes sortes d'occupations de
femmes, tandis que celles qui sont
au commun sont obligées de faire
tous les gros ouvrages, comme de
laver la vaisselle, de tirer de l'eau,
de balayer les cours, enfin tout ce
qu'il y a de sale et de pénible dans
la maison.

Les quatre mois que je passai à
l'hôpital s'écoulèrent sans que je m'en
apperçusse. La veille de mon élar-
gissement je fus avertie que je serois
libre dès le lendemain. Henriette
de Poissy, qui avoit un intérêt par-

ticulier de me r'avoir, étoit dès le grand matin avec une voiture à la porte, et à peine fus-je sortie que je la vis courir à moi. Que de choses agréables ne me dit-elle pas pour m'engager à retourner chez elle. Ma reconnoissance pour les petits secours qu'elle m'avoit fait passer pendant le temps de ma détention, et mon inclination pour elle plus forte que toute autre raison, fit que je montai dans sa voiture et me rendis chez elle. Julie qui étoit aussi sortie, auroit bien voulu me suivre ; mais son amant étoit venu la chercher et l'emmena avec lui.

L'étude que j'avois faite de moi-même, pendant mon séjour à l'Hôpital, m'avoit entiérement changée. J'usai indifféremment de tous les plaisirs ; je bravai le qu'en-dira-t-on ; et, m'élevant au-dessus des préjugés, je regardai la gêne comme l'appanage des sots. Je voulois bien ne rien refuser à la nature, mais je voulois être libre. Rien ne paroît si brillant que le sort d'une fille du monde, en maison ; mais que les apparences sont trompeuses ! Je ne fus qu'un mois chez Henriette ; sa façon de penser différent en tout de la mienne, nous fûmes obligées de nous séparer. Je pris une chambre à moi seule, et je ne recevois chez moi que ceux qui me plaisoient. Ma vie étoit assez douce, mais, malheureusement, ayant eu trop de confiance en une femme qui me paroissoit attachée, j'en devins la dupe, et je me vis obligée par force, à rentrer dans un sérail.

La crainte de mes parens, qui continuoient leurs recherches, n'y contribuoit pas peu. Je fus chez la Florence, qui demeuroit rue St. Honoré, en face des Pères-de-l'Oratoire. Je fus de nouveau inscrite chez un inspecteur de police, qui, sachant apparemment les démarches de mes parens, conseilla à la Florence de me cacher pour quelque temps. La maison de cette *mère-abbesse* étoit très-bien montée. Douze filles, qui la composoient, étoient autant de beautés, et leurs parures étoient magnifiques. La Florence eût fait une fortune considérable, si le hasard ne l'eût dérangée. Retirée dans un des faubourgs de Paris, elle y jouit encore tranquillement des rentes qu'elle a eu l'art de se faire. Je ne restai que quinze jours chez elle, en ayant été retirée par un jeune officier. Je n'ai vécu avec lui qu'un mois. Rarement un militaire est constant. Celui-ci étoit la légèreté même, et en outre, très-joueur. Il fut bientôt sans amour et sans argent. Etant devenue à charge l'un à l'autre, je pris le parti de le quitter.

Quoique déterminée à ne plus retourner chez les femmes, j'y fus encore obligée. Je les parcourus presque toutes dans l'espace d'une année; enfin, je finis par m'habituer chez la maman Montigny. J'eus pour elle mille complaisances, aussi elle me paya du plus tendre retour; car si je me trouve aujourd'hui à la tête d'une fortune assez brillante, c'est à elle seule que je la dois. Je fis chez elle connoissance d'un jeune homme fort riche, qui venoit d'hériter de son père, qui étoit un gros commissionnaire en vins. Ce jeune homme, âgé de trente ans, en avoit passé quinze à courir les sérails et les filles. Il étoit rendu, blasé, exténué. Voulant faire une fin, il pensa au mariage, comme seul moyen de lui rendre sa raison. Il s'adressa à la Montigny, pour lui trouver une fille de vingt-cinq ans, qui eût passé par tous les grades de la prostitution : tel étoit son goût. Il vouloit qu'elle fut encore gentille, et que joint à son expérience, elle eut assez de moralité et d'esprit pour revenir de ses erreurs et faire une bonne mère de famille. Madame Montigny me proposa, il me vit, je lui plus. il resta avec moi l'espace d'une année, et me trouvant les qualités qu'il désiroit, il m'épousât. Depuis six ans nous sommes ensemble, vivant à l'aise dans une des principales villes de la Bourgogne , nous coulons des jours heureux, et notre bonheur est digne d'envie,

Avant de terminer ce chapitre, je vais faire connoître aux lecteurs un trait qui dépeint le caractère vénal des mèresa-bbesses, il s'est passé sous les yeux de Fanchonette , qui me l'a conté.

Un jeune seigneur qui ne pouvoit voir sa maitresse chez ses parens , l'avoit engagée à se trouver aux rendez-vous qu'il lui indiquoit chez la Gourdan. L'habile entremetteuse , peu contente de la rétribution qu'elle recevoit du galant, voulut doubler et tripler ses profits , en tirant parti de sa maitresse, qui étoit d'une beauté capable de contenter les amateurs les plus difficiles. Elle la proposa à un de ses habitués et lui en offrit la jouissance moyennant deux cents louis. Elle lui indiqua une heure et un endroit où il pouvoit la voir ; il la vit en effet, en fut enchanté et la somme fut comptée. Un jour la Gourdan fit dire à la belle que son amant l'attendoit à certaine heure, celle-ci ne manqua pas au rendez-vous, la Gourdan l'introduisit dans un cabinet obscur, et lui dit qu'il étoit indispensable qu'elle garda un profond silence à cause que dans le cabinet voisin se trouvoit une personne qui pouvoit la connoître à sa voix, un instant après l'habitué arrive, il est introduit après qu'on lui eut aussi recommandé un grand silence, condition indispensable ; mais est-il facile de tromper le cœur d'une amante ? la Gourdan pouvoit - elle le croire ? La jeune dame se doutant de la supercherie ou du moins d'un qui-pro-quo, opposa quelques difficultés aux tentatives du faux amant, celui-ci ne croyant pas devoir ménager une fille, quelle qu'elle soit, dès qu'elle se trouvoit dans tel lieu et sur-tout lorsqu'il a aussi bien payé, éclate : la jeune dame s'effraie, crie, on ouvre, la Gourdan paroît et s'excuse sur un prétendu qui-pro-quo, elle veut engager la jeune dame à se rendre aux vœux de sa nouvelle conquête, tout est inutile, le jeune seigneur veut ravoir ses deux cents louis, on les lui promet pour l'appaiser, mais jamais il n'en reçut un denier, on assure même qu'enfin et pour cause, il sut en obtenir le prix.

FIN DU TOME I.